触覚の心理学

認知と感情の世界

田﨑權一 著

The Psychology of Touch

ナカニシヤ出版

「一角獣をつれた貴婦人－触覚－」"Noble Lady and Unicorn, touch"（部分）

　フランス、パリのソルボンヌ大学近くにあるフランス国立クリュニー中世美術館には、この「一角獣をつれた貴婦人」のタペストリー（絵画風の毛織物）が展示されている。写真はその中の一つ「触覚」（一部）である。

（この写真については、"Noble Lady and Unicorn, touch" を所蔵しているフランス国立クリュニー中世美術館写真部門責任者から掲載許可を得ている。）

序　文

　触覚や手の話では、石川啄木による歌集『一握の砂』の第 1 章〈我を愛する歌〉の「はたらけど　はたらけど　猶わが生活楽にならざり　ぢっと手を見る」を思い出す人がいるかもしれない。そして自分の手を眺める人がいるかもしれない。手には年齢や仕事や職業が現れる。ワープロの漢字辞典で手偏の漢字を調べると、持つ、握る、撫でる、押す、掴むなど百字余りある。手の動きを意味する漢字は非常に多く、手の機能の多様さに改めて気づかされる。究極の職人技や熟達の域に到達したベテランは手先の繊細な感覚や感性を大切にしている。日本人は手が器用であるとされるが、ドイツ語でも、「繊細な感覚や勘」のことを "Fingerspitzengefühl"（指先の感覚）という。指先が鋭敏であることがすなわち繊細であるという連想は、まるで触覚研究の知見を踏まえているかのように思われて印象的である。

　「手は外部の脳」「手は第二の脳」など、手は日常的生活に密着した感覚器であると同時に、「たいていの人は右手よりも左手に傷跡が多い」効果器（運動器）としても機能を果たしている。しかし皮膚感覚は触刺激に順応しやすく、日常生活では意識化されないままに手や皮膚はその機能を果たしている。また他方で、手や触覚は、いわゆるスキンシップなど情緒的・感情的役割も果たしている。情緒的・感情的機能の意味では、手や触覚は臨床的にも大きな役割を果たしている。このように手や皮膚による触覚は、複雑で多様な機能を果たしている。

　触覚の心理学的現象の多くの根底や背景には解剖学的・生理学的な原因の存在が明らかにされており、その知見により説明できる現象は多い。しかし心理学的現象はそういった生理学的知見だけでは説明できないほど複雑なものが多く、説明は簡単ではない。たとえば触覚でも錯覚現象が観察されることや、日常的には常に優位な情報源となっている視覚に対する触覚の関係の問題もある。人間の一生を認知発達的にみれば発達初期に「触覚が視覚を育てる」とさ

れ、また情緒的に健康な成長にとって発達初期の皮膚接触が不可欠で重要である。

　触覚における、感覚・知覚・認知による識別には知識（知性）、皮膚接触との関係では感情（情動）、感性との関係では製品開発など官能検査（意志）などを筆者は考える。脳が手を効果器として操作しているが、手は感覚器として脳に外界の情報を伝達し脳を活性化し脳を育てているのであり、手の機能は脳の発達に大きく貢献している。

　本書の構成は、第一部は認知的な意味での触覚の特徴など基礎編、第二部は触覚の実用性など応用編となっている。基礎編では能動的触知覚（active touch: haptics）による空間知覚を主に扱い、応用編では触覚の知的側面と情緒的側面の両方を扱っている。触覚研究でも、地道ながらも研究としての興味関心の的となる基礎分野と、社会での諸問題の解決に役立つ応用分野とがある。ところが、触覚心理学の領域では、他の知覚心理学の領域よりも、そういった基礎から応用への橋渡し役の一般化が遅れているように思われる。

　執筆・構成に際して想定した本書の読者層としては、触覚研究入門者と一般読者を対象にしたつもりである。研究者には、触覚研究のいろいろな領域の基礎や可能性として参考にしてもらえたらありがたいことである。一般読者には、本書が触覚を生活へ応用する橋渡し的役割を果たすこと、そして毎日の生活の中で触覚そのものを意識して活かしより健康になってほしいこと、さらに産業界での基礎的研究や新しい試みのきっかけになれたらと思っている。

　なお本書は引用に依存する部分が多くなった。本来ならば自説の補強のための引用にとどめるべきところであるが、読者にこの分野のよりよき理解を得ていただくために先人の様々な説を多く広く引用せざるを得なかった。というのは、純粋に心理学的な論理を積み重ねていったうえでの触覚の説明は、現在の最先端の研究でわかっていることのみしか言及しえないという制限があり、理解の発展性・展開性に乏しさないしは限度があることは否めないからである。むしろ、人文科学的な面をもつ触覚の広い全体像の理解のためには、他分野から得られる示唆や識者の独特の見解が非常に有益であると思われたからである。またそうした援用が触覚研究や人間理解に新たな視点をもたらしうると考えたからである。どうかご寛恕いただきたい。

本書の出版にあたり、出版を引き受けてくださったナカニシヤ出版と編集部・宍倉由髙氏にお礼を申し上げたい。

平成 28 年 8 月

著者　田　﨑　權　一

目　　次

序　　文　　　　　　　　　　　　　　　　　　　　　　　　　*i*

【基礎編】

第1章　五感の一つとしての触覚　　　　　　　　　　　*3*

1. 感覚様相　　　　　　　　　　　　　　　　　　　　*3*

2. 触覚研究の始まりと触覚の種類　　　　　　　　　　*4*

3. 触覚と視覚との関係　　　　　　　　　　　　　　　*9*

第2章　触覚の生理的基礎　　　　　　　　　　　　　*13*

1. 触覚の中枢：脳地図　　　　　　　　　　　　　　*13*

2. 触覚の末梢神経：皮膚感覚受容器の構造　　　　　*15*

3. 触筋肉運動感覚とラテラリティ　　　　　　　　　*18*

4. 触覚の神経経路：認知と情緒　　　　　　　　　　*19*

5. 指　　　紋　　　　　　　　　　　　　　　　　　*22*

第3章　触覚の知覚現象のいろいろ　　　　　　　　　*25*

1. 触知覚様相の分類：機械的刺激　　　　　　　　　*25*

2. 触覚の継時的入力の特徴　　　　　　　　　　　　*26*

3. 皮膚感度2点閾　　　　　　　　　　　　　　　　*27*

4. 触覚のパターン認知　　　　　　　　　　　　　　*32*

5. 触覚における錯覚：錯触　　　　　　　　　　　　*42*

6. 触覚の幻肢体験　　　　　　　　　　　　　　　　*46*

7. 日常生活における触覚と視覚との関係　　　　　　*46*

8. オノマトペ語彙による触覚の研究　　　　　　　　*47*

第4章　触覚と開眼手術後の世界　51

1. 先天性全盲者の研究　51
2. 中途失明者の事例　53

【応用編】

第5章　触覚が教育に及ぼす影響　61

1. 手や皮膚感覚による感性教育の歴史　61
2. モンテッソーリ教育と幼児教育　62
3. 日常意識されない触覚の意識化　64

第6章　触覚が感情に及ぼす影響　67

1. 触覚・皮膚接触と情緒・感情　67
2. 触覚による精神療法　69

第7章　触覚と視覚障がい　71

1. 触覚と点字　71
2. 触空間の知覚と表現　72

第8章　触覚が健康（医療・介護）に及ぼす影響　75

1. 触診の意味と重要性　75
2. 触覚による脳の活性化：予防とリハビリ　77

第9章　手・皮膚感覚と産業　83

1. 道具としての手　83
2. 触覚のアフォーダンス　84
3. 伝統工芸と触覚　87
4. 触覚による官能検査　88

第10章　利　き　手　91

1. 利き手の測定尺度　91

vii

　2. 利き手の発達　　　　　　　　　　　　　　　94

第11章　手と指のしぐさと運動　　97
　1. 指のしぐさの意味　　　　　　　　　　　97
　2. 手と指の運動と記憶　　　　　　　　　　99

第12章　触覚の芸術と表現　　101
　1. 芸術作品と触覚　　　　　　　　　　　　101
　2. 触覚印象の表現方法　　　　　　　　　　105

第13章　触覚に関するその他の話題　　109
　1. 自然環境における五感と癒し　　　　　　109
　2. 触覚センサーとロボットへの応用例　　　110
　3. メディアへの応用例　　　　　　　　　　113
　4. 医療への応用例　　　　　　　　　　　　115

謝　　辞　　　　　　　　　　　　　　　　　119

引用文献　　　　　　　　　　　　　　　　121

引用資料　　　　　　　　　　　　　　　　127

あとがき　　　　　　　　　　　　　　　　131

人名索引　　　　　　　　　　　　　　　　133

事項索引　　　　　　　　　　　　　　　　136

【基礎編】

第1章　五感の一つとしての触覚

1. 感覚様相

　感覚様相（sensory modality）を、視覚、聴覚、嗅覚、味覚、触覚の五感に分類したのは、紀元前古代ギリシャの哲学者、アリストテレス（Aristoteles）といわれている。どの感覚様相も、感覚受容器の生理学的構造を前提として、出生後の適切な時期と適切な環境における適切な経験により成熟していくものである。感覚様相それぞれに脳へ至る感覚経路（sensory channel）がある。

　視覚は眼球の奥にある網膜が受容器であり、視細胞は、網膜に一様に分布し、中心に分布が少ない桿体（周辺視、動体視など）と網膜の中心に密集して分布し周辺に少ない錐体（中心視や色彩視）とからなる。日常の情報の多くは視覚を通してであるのは、視覚では外界情報の入力が同時的など効率がよいからである。視覚は触覚と相互に影響を及ぼし合っており、その関係を本書でも後述する。

　聴覚は内耳の基底膜が受容器であり、遠方からの刺激をとらえやすく、入力は継時的である。音源定位は両耳への到達時間・音圧・位相の差異が生じることに依る。ただしその差異が小さくなる真正面と真後ろで混同する現象がみられる。自分の声の伝わり方には気導（air conduction）と骨導（bone conduction）がありそれらが合成された音を聴いている。ところが録音した自分の声を再生した時にいつもの自分の声と異なって聞こえるのは気導のみが録音された音声だからである。また救急車が近づく時と遠ざかる時とでサイレンの周波数が異なるのは物理的現象（ドップラー効果）であり、それは心理的現象ではない。聴覚と触覚との関係についての研究は多くない。その理由として聴覚と触覚が同時に機能し相互に影響する場面が少ないことが考えられる。

　味覚と嗅覚は化学的感覚と言われ、味覚は液体分子が舌の味蕾を刺激して生じ、嗅覚は気体分子が嗅覚細胞を刺激して生じる。

4　第1章　五感の一つとしての触覚

　触覚の受容器は、後述のように、他の感覚器官と比較するとかなり複雑であ
り、触覚はさらに具体的な種類や様相に分けられる。同時に、他の感覚器官に
比べ、触覚は日常生活の中では意識されることが少ないあるいは稀な感覚様相
と思われる。その理由の一つは触覚が順応しやすい感覚だからである。衣服や
眼鏡を着用している感覚や意識がなくなるのは皮膚接触や触覚が順応しやすい
ためである。また視覚のための光や聴覚のための音などは知覚対象が離れてい
ても知覚できる遠隔感覚である。ところが触覚の場合には知覚できる対象が知
覚者の近接の対象に限られ、接触することが必要となる。また味覚と嗅覚は相
互に影響しているが、味覚は、嗅覚や食べ物の口内での肌理（テクスチャ：
texture）、口触りにも影響されると言われている。

　どの感覚様相の受容器が損傷を受けても、我々は、自分がおかれた環境への
適応上、不便な日常生活を強いられることになるのである。

2.　触覚研究の始まりと触覚の種類

　「ラテン語でタッチを意味する tact という言葉が、19世紀半ばまで touch
という言葉の代わりに頻繁に用いられた」（Montagu, 1971; 佐藤・佐藤訳,
1977）。実験現象学の D. カッツ（Katz, 1924; 東山・岩切訳, 2003）は、「かつ
てシラーは、ゲーテに向かって『哲学の店をたたむ潮時のようだ。わたしの魂
は、触れることのできるものを渇望している』」と紹介している。言葉のもつ
抽象的な詭弁よりも、実体のある触覚の具体性を求めたものと解釈できる。

　パリのソルボンヌ大学近くにあるフランス国立クリュニー中世美術館には、
「一角獣をつれた貴婦人」のタペストリー（絵画風の毛織物）が展示されてい
る（その一部が本書の口絵）。「当時の人々にとっての豊かさや幸福感の表現」
で究極の楽園として描かれている。6枚からなり、人間の五感「視覚」「聴覚」
「味覚」「嗅覚」「触覚」と「我が唯一の望み」が描かれている。本書に引用し
たタペストリーは、そのうちの1枚「一角獣をつれた貴婦人 – 触覚 –」であ
る。貴婦人が一角獣の角に触れている様子が表現されている。視覚に鏡、聴覚
に携帯用オルガン、嗅覚に花束、味覚に砂糖菓子が描かれている。人間の個体
発達的には、幼児期は嗅覚、青年期が味覚や視覚の順に該当し、触覚は全発

達期を通した哲学的思索の様子を表現しているとされている（日本経済新聞
2005年11月20日掲載記事）。

触覚研究では、ウェバー（1795-1878）の研究『触覚 "The sense of touch"』
(Weber, 1834, 1852; translated by Murray, 1978) があり、科学的心理学の黎
明や一つの里程標となっている。彼は皮膚感度2点閾（後述）や重量弁別を含
む、実験的研究を詳細に記している。彼の業績として重量弁別でのウェバーの
法則（ウェーバー比：$\Delta l/S = k$：Δl ＝ 増減により重量差の感覚を生じさせ
うる最小差異、S ＝ 元の重さ、k ＝ 定数）へと導く一連の実験がある。

この研究に着目したフェヒナー（Fechner: 1801-1887）は、刺激の物理的強
度と感覚の強度との関係をあらわしたフェヒナーの法則を唱え、触覚だけでな
く、視覚・聴覚・味覚・嗅覚など他の感覚様相にも適用できることを証明し、
精神物理学や実験心理学のきっかけとなった。このようにウェバーの研究が現
代の科学的心理学の出発点となっている。今日でも彼のデータの集め方など緻
密な研究姿勢が多くの示唆を与えてくれるように思われる。

カッツ（Katz, 1924; 東山・岩切訳, 2003）は、世界初の心理学実験室を設
置したヴント（Wundt: 1832-1920）の弟子で、構成主義心理学者のティチェ
ナー（Titchener: 1867-1927）が、圧のかけ方の程度により感じ方（触の圧覚）
が微妙に異なると描写しているのを紹介している。「手の甲にまばらに生えて
いる毛の1本を、鉛筆の先でかすってみると、弱いがあざやかな感覚、なんと
なくくすぐったいような、細くてしなやかながら、たしかな実体をもつ感覚を
おぼえるだろう。この感覚を接触感覚となづけようと思うが、これは生理学的
にいえば弱い圧覚のことである。…圧力を変えながら馬の毛を圧点にあてれば、
さまざまな強さの圧覚をよびだすことができる。はじめのうちは、しなやかで
鮮やかな感覚がおきるだろう。圧力が増すほどに、この感覚も重く、がっしり
したものになっていく。あるときに、何かバネのように弾力があり、きわめて
敏感でしなやかなものに感じられる。またあるときには、ぎゅっとつまった圧
力の柱のようにもなる。そしてついに強さが最高に達すると、この感覚は粒の
ようなものになる。まるで、小さくて硬い種を押しつけて、それが皮膚にめり
こんでいるかのように感じられる。この粒の感覚には痛覚が混じり、うっす
らとした痛みを伴うことも多い。そして、皮下組織から、鈍くて拡散した感覚

図1　触覚ピラミッド
(Titchener, 1920; 和田・大山・今井，1969 より。皮膚感覚（①～⑨）と深部感覚（⑩～⑬））

が起こってくることもある。しかしそれは、純粋な圧感覚として現れてくる」。この刺激提示の方法は素朴で、方法論的には今日では時代後れの方法であるが、じっくり観察したこの描写は知覚内容が詳細で忠実な質的表現となっており、研究者にとって参考になる。ティチェナー（Titchener, 1920）は「触覚ピラミッド」モデル（図1）を提唱し、底面に「腱緊張」、「中性圧」、「刺痛」、「灼痛」を、頂点に「くすぐったさ」を配置している。この分類法は古典的な分類法であるが、参考のために紹介した。

触覚の分類法については、カッツ（Katz, 1924; 東山・岩切訳，2003）は、触知覚の現象を、表面触（2次元面や表面対象の知覚）、充満触（柔らかい対象へ能動的触時の抵抗感体験）、空間触（覆っている綿や布の空間や厚みの知覚）、貫通触（手袋などを介在した肌理知覚など）の4種類に分けている。ただし、触知覚の各次元を表現する一般的な言語表現としては、触覚に関する用語が少ないとしている。

ウェバーの研究から約180年が経過した今日では、触覚研究がかなり進歩して、多くの領域に枝分かれしてきた。たとえば東山・宮岡・谷口・佐藤（2000）は、体性感覚を皮膚感覚（触覚、温度感覚、痛覚）と自己受容感覚（位置感覚、運動感覚、力感覚）に大きく分類している。他方、村田（2015）は、「触覚の場合、身体への接触が必要であるが、受動的な接触によるパッシブタッチと運動を伴って外部環境を探索するアクティブタッチがある。さら

に、触覚は外部環境の認知だけでなく、運動の制御や身体の知覚にもかかわる」というように、受動的触覚、能動的触覚、感覚運動的触覚に分類している。

医学領域の野川（2015）は、複合感覚（combined sensation）としてまとめ、その要素的感覚には、体性感覚（温覚、痛覚、触覚、深部覚）、内臓感覚、特殊感覚（視覚、聴覚、嗅覚、味覚、平衡感覚）があるという分類を採用している。さらに体性感覚を、皮膚受容器からの表在感覚と固有受容器からの深部知覚に分けている。そのうち、表在感覚の一つである識別性触覚は主に無毛部（手の平、すなわち掌など）の皮膚の感覚受容器からの入力情報によるとしている。

また、野川（2015）は、「能動的触覚」という説明の中で、アフォーダンス（affordance）で著名な知覚心理学者、ギブソン（Gibson, 1962）を紹介している。そのなかで、ギブソンが、「静止している身体に与えられた刺激に対する感覚としての『受動的触覚（passive touch）』ではなく、積極的に物を触ることによりはじめて認知することができる『能動的触覚（active touch）』を初めて提唱した」と紹介している。能動的触覚のことを識別性触覚、関節や深部組織受容器からの深部感覚をその他の多くの感覚入力の総和として定義している。このように能動的触覚という用語は、今日では心理学の領域だけでなく、広く医学や生理学の領域でも共通して用いられる概念となってきている。

本書基礎編で扱う機械的刺激に対する識別性触覚に限定した分類としては、触覚（tactile perception）、受動的筋運動知覚（passive kinesthetic perception）、受動的触運動知覚（passive haptic perception）、能動的筋運動知覚（active kinesthetic perception）、能動的触運動知覚（active haptic perception）に5分類できる（Loomis & Lederman, 1986）。

これらの中で5番目の能動的触運動知覚は、主に、触れる力や圧が皮膚内の機械的刺激に対する受容器によって生じる感覚と筋肉運動感覚とが合成された能動的触運動知覚であり、haptics ともいう。第3章では主にこの能動的触運動知覚に含まれる触覚様相の実験的研究を紹介・説明する。

本書後半の応用編では、機械的刺激受容器に対する識別的触覚だけでなく、感情的・情動的触覚や、触覚に関する他の基礎分野との学際的領域にも言及する。ただし冷温感覚、痛覚、その他の領域は、筆者の専門領域ではカバーでき

≪コラム≫

　児童文学者のあさのあつこさん（『バッテリー』の著者）は、「皮膚感覚がとらえたものでなければ理解できない」とし、『バッテリー』の時には、軟式野球のボールを持ちながら執筆したとのことである（NHKの番組「ホリディインタービュ」2006 年 4 月 29 日朝放送「皮膚感覚で書きたい」の中で）。

　また、装幀家の菊池信義氏は、「布表紙のノートを持っていた。…色は未晒しのベージュ。小口の三方が赤茶色の柿渋塗り。手に取ると、指にザラリ、布目の荒らい感触。…」、「手の感触が忘れられない」、「人は印刷された文字や絵の意味を受け取るだけではない。…童話の鹿が、野原に落ちている手拭いを、五感の一つ一つで確かめるように。…視覚がとらえた意味を他の感覚がとらえた印象と重ね合わせる。そうすることで、言葉の意味は育まれ、一人一人の言葉がやどる」（菊池信義氏 日本経済新聞，2011 年 9 月 25 日 掲載記事）と述べ、装幀を含めた書籍のもつ独得の全体像を繊細な皮膚感触とともに語っている。

　著述時の実感的な表現や日常的で視覚的な記憶に際して、同時に能動的に経験する皮膚感覚が、促進的な効果を発揮することを示す例といえる。

ないのでここでは言及しない。その領域に関心がある読者は、他書を参考にしてもらいたい。

　村田（2015）は、表 1（第 2 章，p.17）に示すように、触覚における各感覚に対応している受容器の分類を紹介している。各感覚様相と受容器との対応関係としてのこれまでの心理学領域での知見と比較して大きな変化はみられない。また、受容器で得られた情報の神経伝達については、野川（2015; McGlone, Wessberg, & Olausson, 2014 からの引用）が、機械的刺激入力に対する伝達神経は、識別性では伝達速度が速い A β 線維（手の平など無毛部に分布）が、情動性では伝達速度が遅い C 線維（手の甲など有毛部に分布）が関わっていることを紹介している。このように触覚が、認知と感情の両機能に関与していることは生理学的にも明らかにされている。筆者が推測するに、触

覚が認知と感情の橋渡し役を担っているのかもしれない。たとえば今日の認知行動療法ではまさに認知と感情との関係性を重んじた治療法だが、触覚様相内で関連づけた論理的説明が今後、可能となるのかもしれない。

3. 視覚と触覚との関係

　日常生活では、我々は手を眼で監視ながら制御している。触覚と視覚とは相互に協応しモニターしながら機能しているのである。知覚対象について、触覚では知覚対象の実体性を、視覚では知覚対象の全体的同時的なイメージをとらえる。それらが協応して機能する時は視覚と触覚は相補的関係にある。ところで実験的に触覚と視覚の両様相の情報が不一致となる状況を設定した実験がある。図2（Rock & Victor, 1964）のように、触覚情報と、歪んで見える円筒形レンズを通過した視覚情報が同時に提示される実験状況においては、観察者は、視覚情報内容の方へと判断がゆがめられる現象、すなわち視覚優位性（visual capture）に支配されることが報告されている。

　バークレイ（Berkeley, 1709）は「触覚は視覚を育てる」と考え、「触覚は視覚に優越すると説き、視空間の基礎には触空間があると仮定した」（Katz, 1924; 東山・岩切訳, 2003, p.180）。触が視覚を育てるのであり、触が視覚の

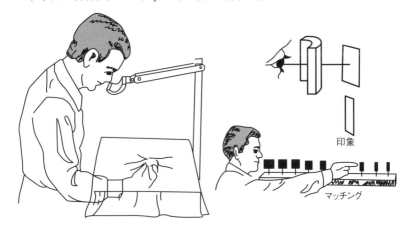

図2　視覚と触覚の同時的情報から葛藤が生じる実験状況
(Rock & Victor, 1964 より)

10　第1章　五感の一つとしての触覚

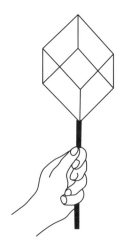

図3　Necker cube による視覚と触覚との間の葛藤（Rock, 1983 より）

基礎になっている（Berkeley, 1709）という意味で、カッツ（Katz, 1924；東山・岩切訳，2003）は、「知覚の観点からいえば、触覚には、他の感覚にまさる優位性を与えなければならない。なぜなら、触知覚は、実在感に関してもっとも強力な手がかりとなっているからである」としている。また人類学者アルフレッド・クローバーは「どの時代の抽象主義も、理知的すぎて人の心をそれほどひきつけないのは、たぶんこの潜在意識的な皮膚接触の要素を排除し捨て去ってしまっているからだ」（Montagu, 1971；佐藤・佐藤訳，1977, p.237）と述べている。このように触覚や皮膚感覚を意識することが重要としている。

　図3は視覚情報と触覚情報の間での葛藤状態を生じさせる装置である。この針金でできた3次元の立方体（a three dimensionl wire cube）では、立方体の遠方側が手前に見えあるいはその逆となり、さらにはくるくる回すと、回転方向が視覚と手での触覚の印象が反対方向という体験ができる（Rock, 1983, p.323）。この葛藤状態は、この立方体の遠近法を実際と符合するように知覚することにより、回避できる。これは奥行きの誤知覚が、それに続いて回転方向の誤知覚を生じさせているためである。実際、これら2つの知覚内容間で内的な恒常性が存在している。この問題は、どうして触情報が立方体の再反転を生じさせないのかという問題でもある。この理由にロック（Rock, 1983）は次の

3点を挙げている。(1)視覚情報は矛盾しない限りは、知覚内容が少なくとも
しばらくの間持続する傾向があること、(2)その維持があれば、大きさと形の
変形は、奥行き視の推測過程において防ぎようのない操作によって生起するこ
と、(3)視覚以外の様相の情報は視覚による知覚内容に影響しない。ところが、
触情報では矛盾の意識が残るので上掲の現象がみられることはない。軸の回転
方向に関する視覚情報は乏しく、軸の回転に触れて得られる多くの情報と葛藤
状態になることはないからである。触情報と矛盾する視覚情報には、立方体の
空間的位置情報が含まれる。内耳にある前庭器官による重力情報も加わり対象
の方向性が、眼の位置情報により観察者に対する対象の角度情報が加わる。他
方、触覚では垂直重力方向と水平方向の情報の基準が曖昧で相対的に不安定で
ある。触覚による空間知覚では、垂直・水平方向の基軸の手がかりが少ないと
筆者は考える(第9章「3. 伝統工芸と触覚」, p.87参照)。

　以下は、長滝(1999)による考えである。事物認識と空間認識において、視
覚優位説または視覚的占取(visual capture)と触覚優位説とがある。

　前者は近年の実験心理学者I.ロックが、後者は古典的なG.バークレイが主
唱者とされている。「幼児はその発達過程で、触覚的世界を徐々に視覚的世界
に従属させていく訓練を積む」(長滝, 1999, p.19)。「皮膚-触覚がほかの感覚
器官の起源であることが示唆されている。耳は時間に特化され、眼は空間に特
化されるが、皮膚はそれらを統合している。すべての感覚器官が皮膚の変形し
たものである以上、触覚はほかのすべての感覚の起源にある原-感覚というこ
とになるのではないだろうか」(同, p.22)。統合失調症の患者の例を挙げ、「接
触感が欠如してしまったというような発言をすることがある。…患者の世界喪
失が触覚的メタファーで語られている」(同, p.23)。健常者は「世界から距離
をとる能力と世界に住まう能力がうまく統合されている」が、統合失調症の患
者ではそれが分裂しているのである。「理解すること」は視覚に基礎をもつも
のであり、「体験すること」は触覚に基礎をもつものであるとしている。たと
えば、「逆さメガネ(着用時に視野の上下左右が反転する)の実験」では、着
用当初は「意味を喪失した世界」であり視覚優位性は失われるが、その後、触
覚の経験により次第にリアルに感じられるようになる。逆さメガネの初期研究
者、ストラットン(G. M. Stratton)は「事物は、それに手を触れた途端に生

き生きしてくる」として、逆転メガネ着用時の触覚への高い依存度を強調している。さらに、「世界を対象化し認識するのにすぐれた感覚が視覚であるのに対し、触覚はわれわれと世界を結ぶ根源的な絆を担う感覚であるといえるのではないか」（同，p.24）と述べている。触覚は、対象認知において、意味、実体感、接触、絆を生じさせる。このように触覚は視覚のための土台となって視覚を育てているのである。

長滝（1999）は、「世界を構成しつつもその世界のなかに場所をもつという人間の両義的な在りかたを、＜見ること＞と＜触れること＞をつうじてあきらかにすること」と「＜触れること＞の意味を探求し」ている（p.14）。「世界に志向的、構成的にかかわっていく超越論的能力と、人間が世界に内属しそこに場所をもつという事実性」（p.16）である。「…この二重性は、一つには世界から距離をとりそれを対象化する能力を意味し、もう一つには世界に組みこまれ世界とじかに触れているという事態を意味している」（同，p.16）。

視覚は距離をおいて周辺世界の知覚対象を客観視し対象化する感覚・知覚である。一方、触覚は直接に触れて外部の対象を探索・確認する感覚・知覚である。同時に触覚は知覚者自身の自己身体知覚を担っている。こうして、視覚と触覚（含む、自己身体知覚）の両感覚様相は双方向的にフィードバックしながら互いの知覚内容の精度を高める関係にあると考えられる。

知識獲得初期には、継時的に実体的知覚や知識の獲得、安定性・恒常性の獲得のために触覚が優位となる。ところがその後は情報量が多く同時的で効率的な視覚が優位となり、その傾向が顕著になるものと考える。このように触覚優位性と視覚優位性のそれぞれを支持する立場がある。視覚と触覚のどちらが優位になるかは、発達段階や状況や文脈によって左右される問題と考えられる。

第2章　触覚の生理的基礎

1. 触覚の中枢：脳地図

　脳の機能は脳の部位ごとに各役割が局在化しており分業体制で営んでいる。図4はブロードマン（Brodmann）が人間の左脳の表面を1～52までの数字を当て、どの部位も特定できるようにしたものである。図5は脳の領域ごとに、前頭葉、頭頂葉、側頭葉、後頭葉の4つの領域に区分したものである。図6は4つの領域の主な機能とさらに皮膚の運動野と感覚野の位置をわかりやすく説明したものである。ちなみに左脳にあるとされる言語中枢のブローカ（Broca）野は発音者の言語表出運動を、ウェルニッケ（Wernicke）野は聴覚的言語理解を担っていることはよく知られている。そして脳の部位と皮膚感覚の各機能との関係を図示したものが図7（Penfield & Rasmussen, 1950）である。図7の中では、手や口の機能に関係する脳神経の領域は広くなってい

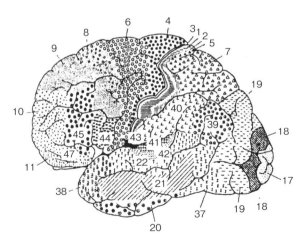

図4　ブロードマン（Brodmann）の脳地図：左大脳半球外側面
（左が前）（高木，1996より）

14　第2章　触覚の生理的基礎

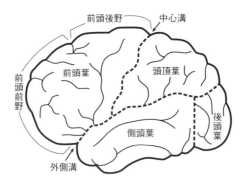

図5　左大脳半球（左が前）（高木，1996より）

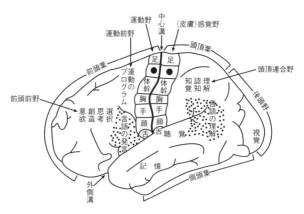

図6　大脳の機能分布図（久保田，1983より）

る。体の中で外部に対してもっとも活動的であり、同時に感覚的にもっとも敏感な部位が、指と唇であることを示している。皮膚感覚を含む体性感覚に関しては、脳の中心溝をはさんで前頭葉側が体性運動野、頭頂葉側が体性感覚野となっている。

　この図7は、大脳半球を中心溝に沿って切断した場合した場合のもので、図の左側半分は感覚野、右側半分は運動野として大脳機能の局在を説明している。これによると、感覚野と運動野ともに手と指に関する領域は非常に大きく、とくに運動野では手の領域が占める面積は広くなっている。これは脳が人

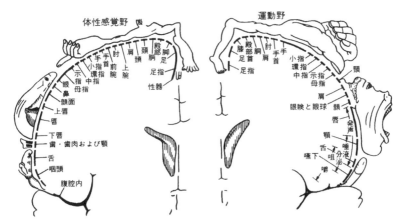

図7 大脳における手の領域：人の新皮質の皮膚感覚野（左半分）と運動野（右半分）の機能局在 (Penfield & Rasmussen, 1950；上羽，1985 より)

間の手の制御と手からの刺激入力の受容に大きく関わっていることを示している。こうして我々の手が繊細な運動や知覚を可能にしている。日常生活の経験から納得できる繊細さの違いとして納得できるものである。逆に、手は手への感覚刺激の入力情報を脳に伝えているのである。小野（1982）は「一つの中枢活動は何らかの形で、他の中枢活動に影響をあたえるものとすれば、関与する細胞数が多くて、大きな面積を占有している中枢活動ほど、他の諸中枢にあたえる影響が大きいことになる。手と手指の働きに関係している諸中枢の働きが、人間の頭の働きに重大な影響をあたえているものと推定せざるを得ない」（p.20）と述べている。手の動きが脳全体の機能を促進するといわれてきた理由がここに示されているように思われる。

2. 触覚の末梢神経：皮膚感覚受容器の構造

人間の手首から先の手には手根骨8、中手骨5、指骨14の計27個から成り立っている（上羽，1985）。皮膚は過酷な外部環境から内臓を守るために体全体の表面を覆っている。その皮膚はいくつもの層から成りその中に感覚受容器が分布している。

16　第2章　触覚の生理的基礎

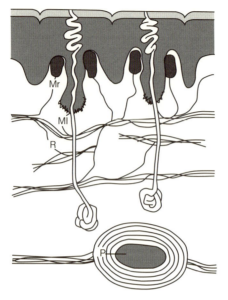

Mr: Meissner 小体
Ml: Merkel 細胞複合
R: Ruffini 終末
P: Pacini 小体

図8　人間の無毛部皮膚断面の概略図
(Vallbo & Johansson, 1978, p.38 より)

　手の皮膚の解剖学的構造（図8: Vallbo & Johansson, 1978; 図9: Heller & Schiff, 1991）のように、皮膚組織は概ね、表皮、真皮、皮下組織からなり、体全体で数百万の触覚受容器がある。指先はもっとも受容器密度が高く1ミリ平方メートル当たり700程度の受容器が分布している。受容器にはその特徴から、速順応型と遅順応型の2つのタイプがある。特徴的な主な感覚受容器を表1に示した。なお各感覚受容器とそれに対応している触感覚様相（括弧内）は次の通りである。自由神経終末（痛覚）、メルケル Merkel 細胞（軽触圧）、マイスナー Meissner 小体（瞬間的触）、クラウゼ Krause 終末（冷覚）、ゴルジ・マゾニ Golgi-Mazzoni 小体（圧覚・振動感覚）、ファーター・ファオイニ Vater-Faoini 小体、ルフィニ Ruffini 小体（温覚・関節）、ファーター・パチニ Vater-Pacini 小体（深部圧）、毛根小体（触）などである。

2. 触覚の末梢神経：皮膚感覚受容器の構造　17

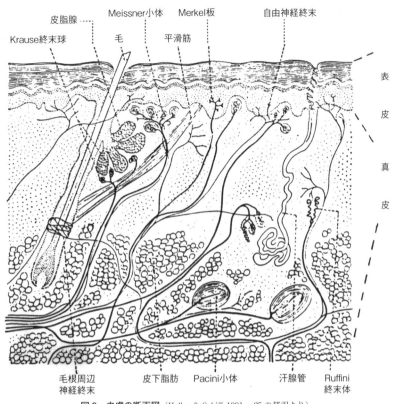

図9　皮膚の断面図（Heller & Schiff, 1991, p.25 の邦訳より）

表1　皮膚の触覚受容器（機械的受容器）（村田, 2015 を参照に表にまとめた）

| 型 | 受容器の構造的特徴 || 皮膚変形への反応 | 刺激変化への反応 | 知覚機能他 |
	分布位置	受容器密度と領域の大きさ	遅順応型（持続的に反応）	速順応型	
Ⅰ型	表皮・真皮	高密度、極限した狭い受容野、小さい	Merkel 細胞 皮膚上からの力や横方向からの引張に反応	Meissner 小体 皮膚上を動く刺激に対する反応	2点閾、点字、肌理識別
Ⅱ型	真皮深部・皮下	低密度、広い受容野、大きい	Ruffini 終末 関節の動きによる皮膚の伸展に反応。	Pacini 小体 小さな振幅の高周波振動などの振動覚に敏感	大きな物体の形の認識や立体覚

3. 触筋肉運動感覚とラテラリティ

　久保田（1982, p.55）によると、手の反射には2つの経路がある。脊髄反射（知覚以前に開始される防衛反射や屈曲反射など）と皮質反射（物をつかむ、手を伸ばす、など外界への働きかけなど）である。前者は手の保護（火から手を守るなど）や運動調節の反射だが、後者は能動的触（active touch）などによる探索的な認知活動である。本書の基礎編で主に取り上げるのは後者の能動的触覚である。

　運動系も体性感覚系も、左右の手は大脳両半球と完全な交叉性の関係で、それぞれの手は反対側の大脳半球の支配を受けている（図10: 塚田, 1977）。たとえばどちらの手が麻痺しているかを確認することにより、脳梗塞の部位を左

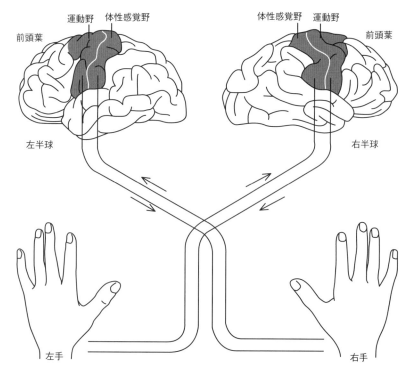

図 10　手の運動系と体性感覚系の伝導路（塚田, 1977 より）

右レベルで区別の判断ができる。

　視覚の場合、片方の眼の網膜像の左右視野はそれぞれ反対側の脳に制御されている。このほかにも大脳半球機能側性化（ラテラリティ: laterality: 大脳半球機能の左右差）の問題が触覚実験でも明らかにされている。その場合には、実験で用いる刺激材料に言語的な手がかりが介在するかどうかにより、左脳の影響度が異なる（たとえば，Graham, 1988）ので注意を要する。

4.　触覚の神経経路：認知と情緒

　カッツ（Katz, 1924; 東山・岩切訳，2003）は「手の甲のように、ものに触れるときにめったに使わない部位に羽毛で軽く触れてみると、ほぼ純粋に、主観的な触感覚を経験することができるが、…心がある構えをもった状態では、まったく客観的なものとして感じられても、別の構えをとると…感覚それ自体に注意が向く…触知覚では、どんなときでも、主観的な面と客観的な面とどちらか一方が優位になっているが、それでもこの両極性は保たれている」（p.14）という。カッツのこの見解は、触覚においては、刺激源の痕跡が意識される程度の主観面と、意図的に構えや注意を制御して検索できる（能動的触覚のような）客観面とがあるということになる。

　筆者も主観的側面に情動的触覚が含まれるのであり、客観的側面に識別的触覚が含まれていると考える。この問題は、筆者が指導教官からこのテーマをいただいた頃、研究をどう進めるべきかと迷った問題でもあった。触という実験状況で同時に存在する主観と客観を分離するのは困難ではないかと考えてしまったからである。しかし現時点では、皮膚感覚を含む触覚が認知と感情の両側面を具有するということは、今日取り扱われている認知と心理療法との密な関係の解明に示唆を与えているようにさえ思われる。すなわち触覚は、認知と感情の融合や相互性が備わっている感覚様相だと考えることができる。その認知と感情の関係性を証明する実験的な基礎研究による証拠が今後必要である。

　触覚は、空間的把握・知覚だけでなく、情動や情愛など感情面でも機能を果たしている。この観点から、触覚は感覚的な識別的触覚（Aβ線維グループのうち低閾値機械的刺激受容器）と情動的な社会的触覚（C線維グループのうち

低閾値機械受容器CT）という分類ができる。識別的触覚は認知的側面でこれ
まで述べてきた体性感覚野に関するものである。他方、情動的触覚（社会的触
覚）は、その受容器は有毛部皮膚のみに存在し、抱擁や愛撫などの際に得られ
る特定の頻度の刺激に強く反応するという。そのメカニズムに関して、識別的
感覚では、後索、視床を介しSI（一次感覚時）で受容され、SII（二次感覚
時）で階層的処理が行われ、頭頂連合野で位置情報として利用される。これに
対して、社会的触覚のC線維触覚では、脊髄視床路を上向し、島に伝えられ、
情動的活動と関連が深い前頭葉や辺縁系とネットワークを形成している（野
川，2015; McGlone et al., 2014）。

　上掲の神経科学領域の触覚研究（McGlone et al., 2014; 野川訳，2015）から、
触覚の各機能を担う神経線維の種類として、外部環境の識別（感覚・知覚・認
知）と皮膚接触による感情（情緒・情動）に分類できることがわかる。

　表2には、低閾値機械的刺激受容器（low threshold mechanoreceptor:
LTM）として、識別性触覚の機能の大径有髄神経（神経Aβ線維グループ）
と、情動性触覚の機能のC線維グループ（CT）の特徴を示した。Aβ線維は
直径が大きく（10μm）伝達速度が速く（60 m/秒）、無髄（C線維）は直径
が小さく（1μm）伝達速度は遅い（2 m/秒、以下）。マグローンら（McGlone
et al., 2014）によると、識別性触覚を担うAβ線維はおもに手の平（掌）側に
分布しているが、情動的触覚を担うC線維は手の甲側など有毛部位にのみ分

表2　ヒトの皮膚に分布する一次求心性感覚神経の特徴

(McGlone, Wessberg, & Olausson, 2014; 野川訳，2015 より)

受容器タイプ	機能分類	軸索径[*]	伝導速度[*]
Aβ線維グループ			
低閾値機械受容器	識別性触覚	10μm	60 m/s
Aδ線維グループ			
侵害受容器	疼痛	2.5μm	12 m/s
冷覚受容器	温度覚	−	−
C線維グループ			
侵害受容器	疼痛	1μm	<2 m/s
温冷覚受容器	温度覚	1μm	<2 m/s
瘙痒感覚受容器	瘙痒感覚	1μm	<1 m/s
低閾値機械的刺激受容器（CT）	情動性触覚	1μm	<2 m/s

[*] おおよその中間値．CT：Cグループ触覚線維

4. 触覚の神経経路：認知と情緒　　*21*

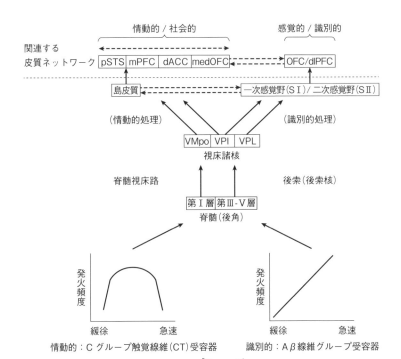

図11　有毛部皮膚における情動性および識別性触覚の経路
(McGlone, Wesberg, & Olausson, 2014; 野川訳, 2015 より)

布している。

　野川（2015）は、機械的刺激の受容器による識別性触覚と情動性触覚とは、

別々の神経線維を経由して中枢に伝達されるとしている（図11）。機械的刺激受容器による識別性触覚では受容器の興奮を伝達するAβ線維が直径は大きく外界情報を中枢へ迅速に伝達することできることで、環境適応への手段として認知機能を担っている。他方、機械的刺激受容器による情動性触覚では受容器の興奮を伝達するC線維が直径は細く接触の印象を中枢へ緩やかに（遅く）伝達することで感情機能を担っている。野川（2015）によると、C線維が伝達する触覚は情動的触覚とよばれ快楽や社会的交流に関与している。図11は識別性触覚と情動性触覚のそれぞれの経路を図示したものである。

　このように古くから触覚が識別性と情緒性の二面性を持ち合わせた感覚として知られていたが、それに客観的な生理学的根拠が示されたことになる。マグローンら（McGlone et al., 2014）は、情動性触覚（有毛部皮膚のみに存在するC線維触覚）を情動的・社会的交流や快楽としてとらえている。また彼らは、自閉症児は他との皮膚接触を避けようとすることに言及し、情動的触覚と自閉症の病理の関連を示唆している。さらによく経験することであるが、背中や手背（有毛部）をさする（一定頻度で刺激する）と痛みが和らぐようになるのは、C線維触覚の刺激により大脳の島皮質での疼痛閾値が上昇する（痛みが緩和される）ことによるのかもしれない（p.533）との見解を述べている。

　「私たちの脳は、うれしいと感じた時、ドーパミンやアドレナリン、βエンドルフィンなどの快楽物質を分泌をします。お腹が空いて食べ物を摂取すると、報酬が得られた生物的喜びによってβエンドルフィンが放出されます」。「脳が喜ぶとドーパミンが分泌され、幸せを感じやすくなるのです」。「旅に出て、五感をフルに使うと脳のバランスが取れ、それが癒しにつながります」（朝日新聞，2010年10月30日記事）などと一般に言われている。皮膚接触によって快楽に関する生理学的脳内伝達物質に変化がみられるのである。

5. 指　　紋

　指紋のパターンや形は個人を特定するのに現在でも有効な手段である。遺伝的にまったく同一の一卵性双生児の二人は外見では識別が困難であっても、指紋だけは二人の間で異なり別々の個人として特定できる。

5. 指　　紋　*23*

　香原（1980）によると、指紋があるのはヒトとサルだけである。「指先にギ
ザギザがあるということは、ちょうどタイヤのギザギザと同じような意味にな
る」というわけである。指紋のしわに引っかかることにより摩擦面の情報を
きめ細かに拾うことができるようになる。筆者は麻雀はやらないが麻雀の達人
は、牌を触ると、それが何であるかわかるという。このように手は運動器だけ
でなくて、感覚器としてもたいへんすぐれている。哲学者のカントが「手は外
部の脳である」といっており、手は優れた器官といわれる所以である。

　慶應義塾大学理工学部の前野隆司（日本経済新聞，1999 年 5 月 31 日記事）
は、「滑り止めの役割を担っている人間の指紋に、触覚をとぎすます働きがあ
ることを突き止めた。物の表面の微妙な凹凸を指紋が増幅し、『つるつる』や
『ざらざら』といった手触り感を判断しやすくする」という。

　筆者が考えるに、手は対象を能動的に探索する時に指紋が効果的に機能する
のであり、能動的に手を動かすことで指紋がより効果的に機能するのであろう。

　皮膚は、詳しくは表皮組織・基底層・真皮・皮下組織からなる。一生変わる
ことがない指紋は表皮組織でつくられている。基底層まで破壊されると指紋は
再生されないといわれている。

　川島（2013）は「皮膚は内臓の鏡」、「皮膚は複雑な構造を持つ臓器である」
との視点から、皮膚そのものの病理やかゆみの機能などについてわかりやすく
紹介している。

第3章　触覚の知覚現象のいろいろ

1. 触知覚様相の分類：機械的刺激

　第1章で触覚の分類には言及したが、この章で扱う機械的刺激に限定した場合の分類を確認する意味でここで再度概観しておく。触覚は大別して次の3つの感覚、すなわち皮膚感覚としての触覚（tactile perception）、筋運動感覚（kinesthetic perception）、そしてこれら両者を含む触運動知覚（haptic perception）が挙げられる。さらに、ルーミスとレダーマン（Loomis & Lederman, 1986）のハンドブックの「触知覚（tactual perception）」の章では、触覚にとって重要な要素である能動性の有無により、(1)触覚（tactile perception）、(2)受動的筋運動感覚（passive kinesthetic perception）、(3)受動的触運動知覚（passive haptic perception）、(4)能動的筋運動知覚（active kinesthetic perception）、(5)能動的触運動知覚（active haptic perception）という5つの構成になっている。

　これらのうち、現在では (5)能動的触運動知覚の概念が取り上げられることが多い。たとえば文字認知の混同行列（confusion matrix）（田﨑, 2012）において、能動的触運動の方が準静的触条件よりも成績は良かった。触覚的遂行において能動的な運動はきわめて重要である。能動的触運動では受動的触運動よりも情報獲得が容易で多くなることが考えられる。人間の活動の多くの場合、能動的である方が良い成果をあげる。最近では心理学以外の生理学などでも能動的触運動を紹介する文献（たとえば野川, 2015 ほか）が散見される。カッツ（Katz, 1924; 東山・岩切訳, 2003）は「触覚が生まれるためには、感官か刺激のどちらか一方が動かなければならない…運動を通してのみ、再認や区別ができるのである。E. H. ウェーバーは…『目を閉じて、手を台の上において、ガラス、金属、紙、革のような材料を、指先に接触させて動かすと、どれがどれだか区別できないが、手を動かすと即座に区別できる』…と述べている」

(p.41) と実験状況を報告している。

触覚の分野は、APA（American Psychological Association）の Psychological Abstracts の見出しだけでも膨大である。すべての分野を挙げるのは困難なので、本書の基礎編では、皮膚感覚での痛、温、冷、肌理、振動、弾性、圧などの分野は割愛した。ただし応用編では学際的あるいは実用化の見地から必要に応じてこれらの分野を含めた。

2. 触覚の継時的入力の特徴

視覚では一部が重なった複合図形（図12a）を2つの円として知覚する。これは視覚が同時的であることや「なめらかなよい連続の要因」でまとまりやすい特徴があるからである。これに対して、能動的触運動知覚（目隠しして手を能動的に動かせる能動的触知覚）条件下では、図12のbやcとして知覚する。受容器である皮膚への刺激入力の方法が継時的入力になること、図形認知が「閉合の要因」でまとまりやすいこと、中核－外殻分凝（Kern-Mantel Gliederung）の仕方になりやすいことなどの制約的な特徴があるためである。

プレグナンツの法則（形としてのまとまりのよさを規定している要因）では、視覚では滑らかな連続性が優位になるが、触覚では閉じられた空間としてのまとまり方が優位になる（田﨑, 1980）。触覚では刺激として（raised-lineを平面に突出させて描写する道具を用いて作成した）一部が重なった2円は向き合った三日月（図12b）や外側の大きな楕円とその内側の小さな楕円（図12c）として知覚する。田﨑（1980）は、図12のような2つの円の一部が重なった複合図形を提示刺激として触運動的に知覚する場合、2つの円と知覚されず、向かい合った2つの三日月（図12b）あるいは外側の大きな楕円とその内側の小さな楕円（図12c）などと知覚される例を紹介している。この外側の大きな楕円とその内側の小さな楕円という分凝の仕方（図12c）の例を、ベッカー（Becker, 1935）は「外内分凝（Aussen-

a 刺激図形　　b 触知覚の例　　c 触知覚の例

図12　複合図形の触知覚

Innengliederung)」、メッツガー(Metzger, 1953)は「中核 – 外殻分凝（Kern-Mantel Gliederung）」と呼んだ。能動的触知覚において取り囲みの法則や共通中心の法則など、この種のまとまり方や分凝の仕方が優位になるのは、おもにこの継時的な刺激入力の方法が原因と考えられる。

　カッツ（Katz, 1924; 東山・岩切訳, 2003）は、14種類の紙刺激を用いて、紙の識別（基本実験）、紙面大きさ効果（縮減）、水平方向の運動抑止、刺激面を動かした実験、被膜など介在物をとおした触覚実験、その他の多くの触覚に関する実験を紹介している。当時すでに彼が気づいていたのは、触覚の実験条件として、視覚的イメージの有無、指の運動の有無、圧の強さ、温度など、今日いわれている触覚の鋭敏さに影響する条件への配慮が必要ということであった。触覚の厳密な実験を実施する場合には、それらの実験参加者と実験室内の環境条件を制御しておく必要がある。

　どんな実験でも十分な準備は欠かせない。筆者の大学院生時代の指導教官からは「準備に9割、実施に1割の労力配分で」と指導された。それだけ準備が大切だということであり、触覚実験の提示刺激作成においても十分な準備と繊細な配慮が必要である。最近では3Dプリンタで作成された触刺激を用いた実験が報告されている（宮岡, 2014）。3Dプリンタは触覚の実験で使用する刺激作成では 50μm の精度で作成できるなど正確さにおいて期待できる手段である。3Dプリンタを用いるための費用がない場合には、基本的な触覚の実験装置ならば手作りも可能である。手作りの実験装置には、簡単な仕組みでわかりやすく堅牢で、作成者である実験者自身により細かな微調整が可能になるという手軽さがある。

3. 皮膚感度2点閾

　心理学実験の古典的な教科書によると、2点閾（2-point threshold）の測定値が疲労の程度を知る目安とされていた。学校での授業時間割作成時に、精神的に疲労しやすい教科は身体的に疲労しやすい教科の直前に配置するなど、どの時間帯にどの教科を組み込むかを決めていた。その際の疲労度を表す指標として、皮膚感度2点閾測度や視覚でのフリッカー（flicker）観察のちらつきの

第3章 触覚の知覚現象のいろいろ

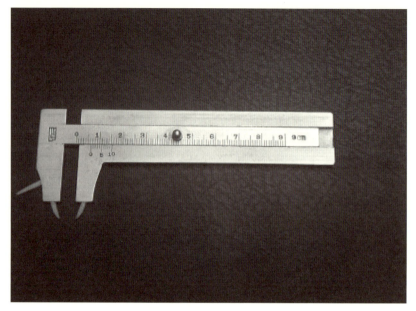

図13 スピアマン式触覚計（竹井機器工業製）

周波数が用いられていた。現在では、皮膚感度2点閾の測定は、心理学入門期の学生の精神物理学的測定法の極限法（完全上下法）の実習としてよく用いられている。

皮膚感度2点閾とは、皮膚上の2点に同時的に刺激提示し、50%の確率で2点と感じるのに要した最小の距離（丁度可知差異：jnd）である。皮膚感度2点閾の先駆的研究者は、ウェバー（Weber, 1834, 1852; Ross & Murray, 1978）であり、彼による研究が、今日の実験心理学や精神物理学の契機となったと既に述べた。彼は皮膚感度2点閾のデータを詳細な実験により得ており、その後も実験心理学者たちが皮膚感度2点閾の研究を継続し、今日に至っている。

触覚刺激提示の際には刺激点加重や急速な順応や側抑制の影響があるので、皮膚感度2点閾では同時的提示よりも継時的提示の方が、また振動刺激の方が、2点閾値は小さくなる（すなわち鋭敏になる）。測定器具として、現在でも市販されているスピアマン（Spearman）式触覚計（竹井機器工業製，図13

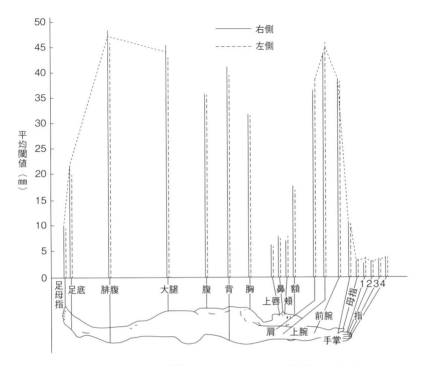

図14　身体部位による2点閾の違い（Weinstein, 1968；宮岡訳, 1994 より）

写真参照）を使えば比較的容易に測定できる。皮膚感度2点閾はこのスピアマン式触覚計により精神物理学的測定法の極限法（完全上下法）で測定できる。この測定法の詳細については、田﨑（2009）を参考にしてもらいたい。2点閾が小さな（鋭敏な）部位は、人間の手では、人差指先で約1 mmと最も小さく、拇指丘（親指付根）で約10 mm、前腕で約30 mm以上と、体幹に近づくにつれて大きく（鈍感に）なっていく。その他、口唇も指先と同程度にきわめて敏感であり、次いで前額もやや鋭敏である。ここでも、体幹に近づくにつれて大きく（鈍感に）なる（図14）。

　伝統的な精神物理学は極限法、調整法、恒常法が考案されたが、これらのうち極限法は、触覚の2点閾や重量弁別を研究したウェバー（Weber, 1834, 1852; Ross & Murray, 1978）の研究に端を発しており、さらに重量弁別におけ

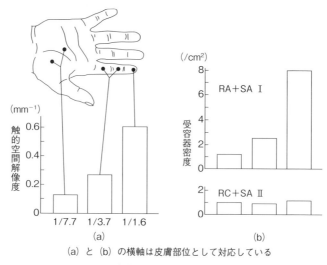

(a) と (b) の横軸は皮膚部位として対応している
図 15 皮膚 2 点閾と受容器密度との関係
(Vallbo & Johansson, 1978：田崎, 2009 より)

る丁度可知差異（just noticeable difference: jnd）に焦点を当てて、刺激の物理的強度と知覚者の感覚的強度との関係を表現した研究へとつながった。ウェーバーの発見をさらに精緻化したフェヒナーは、触覚だけでなく他の感覚様相にもこの考え方を一般化した。くり返しになるが精神物理学や実験心理学の出発点は、皮膚感度 2 点閾の研究などウェーバーの触覚研究であることを記憶に留めておくべきだろう。これが科学的心理学の黎明としても過言ではない。

　上述のように我々の皮膚の部位によって皮膚 2 点閾の感度が異なる背景には、感覚受容器密度の勾配（図 15）という生理学的根拠がある。第 2 章の表 1（p.17）における機能分類から、2 点閾のために機能している感覚受容器は、図 8（p.16）、図 9（p.17）のように皮膚の表皮近くに位置するメルケル細胞（遅順応 I 型）が対応しているものと考えられている。

　空間知覚の感度の視標として、今日では触覚の場合には皮膚感度 2 点閾が、視覚の場合には眼科検診で使用されるアルファベット文字 C 様の視標、ランドルト（Landolt）環での視力測定がある。ランドルト環の隙間（欠落部分）の方向が、決められた観察距離で見えた時の視角 visual angle（角度の分に換

算）の逆数が視力とされる。隙間空間の方向がわかるには、隙間の存在を知覚し識別することが前提となる。視力検査のランドルト環に対して、皮膚感度2点閾は、触空間知覚の鋭敏さや感度を表す確かな指標といえる。

　触覚が鈍感になる事例として、水俣病の典型的症状である感覚障害の一症状が挙げられることがある。医師による痛覚検査の結果、「全身の触覚が鈍くなっています」という感覚障害の事例が掲載されたことがあった（朝日新聞，2012年7月1日付記事）。また別の報道では、専用の金属製の道具で測定している場面が報道された。参考までにスピアマン式触覚計（図13）の先端はプラスチックの爪状になっており皮膚に与える印象は柔らかく優しい。

　皮膚上の2点を2点として認知できる距離が短ければ短いほど皮膚感度が鋭敏であるということから、2点閾の小さい人ほど皮膚上の2点弁別や識別だけでなく、さらに2次元平面対象の弁別や識別においても認知は好成績となることが予想される。皮膚感度2点閾とパターン認識（pattern recognition）との関係について、筆者は皮膚感度2点閾（値が大きいほど鈍感）と文字の能動的触運動知覚の再認成績（値が大きいほど正確度が高い）との相関を大学生を対象に安眠マスク着用下、右手人差指使用で調べたことがある。そして仮説の通り概して負の相関が見られた。2点閾が小さい（鋭敏な）場合には2次元平面の文字認知においても良い成績であった。すなわち、指先が敏感であれば形の能動的触運動知覚も正確になるというケースが多かった（田﨑，2003）。

　ところが意外にも実験協力者の中には、稀ではあるがその逆のケースもみられたのである。なお、この時の筆者の実験では、右手利きの参加者のデータだけを蒐集していた。皮膚感度2点閾が小さい（感度としては、かなり敏感・鋭敏な）実験協力者が、文字を能動的に自由に触れても文字の再認成績が低かったケースである。何故そうなるのか解釈が難しいが、たとえば指先が敏感であっても、それらの情報を脳に集めて統合して刺激対象の全体像をイメージ化することが難しいのかもしれない。つまり、能動的触運動知覚の神経経路において、指先の末梢的処理段階が繊細でも、脳の中枢的処理段階でうまくまとめることができないことが考えられる。さらにこの逆のケース、すなわち指先が鈍感なのに能動的触運動知覚が正確という実験協力者も稀ではあるが観察されたのである。この場合には解釈がなおさらのこと困難になる。

32 第3章 触覚の知覚現象のいろいろ

　おそらく感覚情報の入力から統合までの段階のどこかで、あるいは脳中枢での統合の段階で個人差が生じていることが考えられる。皮膚感度2点閾の鋭敏さと2次元平面の図形認知との関係は概して正の相関となる。しかし、鋭敏であれば一様に好成績であるわけではなく実験協力者によっては異なるので、説明は単純ではないということである。これらのケースの原因を推測すると、皮膚2点閾と2次元平面とが異なる神経伝達経路をたどるとは考え難く、「末梢神経の感覚受容器」→「感覚経路」→「中枢の感覚連合」の過程で、とりわけ中枢レベルでの個人差を考えるべきと考える。この点に関しては、生理学的解明と同時に、心理現象としてもさらに調べてみる必要があると考える。

　皮膚感度2点閾を測定する場合は、それが皮膚感度自体を調べる目的があっても、また皮膚感度を用いた認知実験が目的であっても、温度や湿度などその他の環境的要因の影響を考慮する必要がある。ここで紹介した実験においても統制した環境下で実施するように配慮した。

4. 触覚のパターン認知

　パターン（pattern）とは、元来は裁縫で布地を裁断する際に使われる型紙の型のことである。心理学的にはパターンとは「点や線分などの要素が何らかの規則性をもって配置されることによって生じる形状」（行場, 1999）で、具体例としては文字や顔などがある。パターン認知とは、知覚対象をパターンへと分類判断することである。パターン認知においても形として成立に及ぼす要因（プレグナンツの法則）のうち、視覚では滑らかな連続性等が、触覚では閉合要因等が優位になる。

　文字のようにある有限の刺激パターン群の中で、刺激（行）に対する反応（列）を表にまとめると、混同行列（confusion matrices, 表3, 表4, 表5）が得られる。たとえばアルファベット大文字を刺激に提示してどの文字とどの文字が相互に混同されやすいかを調べることができる。この混同行列にみられる視覚と触覚の間の類似性や相違点を比較するために、視覚の場合は表3（Kinney, Marsetta, & Showman, 1966; Lindsay & Norman, 1977）、能動的触運動知覚の場合を表4と表5（田﨑, 2003）に示した。ただし対角線上

表 3 視覚におけるアルファベット大文字と数字の混同行列（Kinney, Marsetta, & Showman, 1966; Lindsay & Norman, 1977 より）

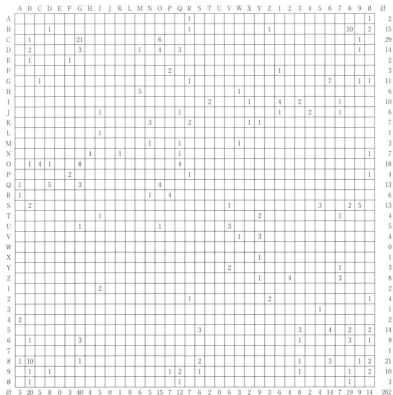

（diagonal cells：正再認数）の数値が表 4 と表 5 では記載され、表 3 では記載されていない。混同行列であるから字義通りにとれば対角線上以外のマス目の数値（off-diagonal cells：誤反応数）、すなわち混同した反応のみを記載した表3 の方が正式であり、対角線上の正再認反応の数値は不要である。しかし正反応を示す対角線上のマス目（diagonal cells）の数値も記載することにより、文字再認の困難度を確認した上で混同反応の困難度や安定性が推理できるので、混同行列といえども正反応を記載したほうがよいと考え、筆者は敢えて記載した。

田﨑（2003）は、右手（利き手）人差指の能動的触運動知覚（active haptic perception）により、カタカナとアルファベット大文字の認知に及ぼす、運動

34　第3章　触覚の知覚現象のいろいろ

表 4　能動的触運動知覚条件下のアルファベット大文字の混同行列（田﨑，2003 より）

（3.0、5.5、8.0 mm の再認結果を集計したもの：実験参加者 12 名）

反　応　文　字

	A	B	C	D	E	F	G	H	I	J	K	L	M	N	O	P	Q	R	S	T	U	V	W	X	Y	Z	計
A	18	1		2	1	1						1		1	2	3	1				1		1		1	2	36
B		8		1	5		3	1		1	1			1	5	1	3	2	1		1	1		1			36
C	1		23		6				1						4									1			36
D	1	2	2	11		1	1								14		2	1									36
E		6	4	1	11	2	4						1		2	1	1						1	1		1	36
F	1	1		2	3	12	3			1	2	1		1	4		1		2	1						1	36
G	1	3	5				9						1		4	4	4	1	3	1							36
H		3			2	1		1	9			1	1	1	3				3	3	5						36
I									35	1																	36
J			2	1					1	18		1	1		1	1	2	1	1		1	1			2	1	36
K	2	1	1	1			2	1			10			1			2		2	2		1		3	4	2	36
L	1		2				1	2	1	1	24										2		1		1		36
M		1					2	1		1	1	3		4	5		1				7	4	5		1		36
N			1				1				2	1	1	9	2			3			6	8	1	1			36
O			2	4			2						1		22		1	1	3								36
P	1			3	3	5			1	2			1	1	1	11		1	4	1		1					36
Q	2	2	4	2	3	2					1	1		7		8	1	1			1						36
R	3	2		2	2		2	1	2			1	2	4			2		7	3				1		2	36
S	3	3	1		5	4		5	4				2				3	2	4	1	1			1			36
T		1			3			1	3	2	1	1				1			1	18	1	1			1		36
U		1	1	1										2							28	1			1		36
V					1				2	1	1			1	2						3	24	1				36
W		2				1	3	1	5			1	2		1	1					8	7	2	2			36
X	1	3				2		1			5			1				1	1	1	1	1	1	15	1	1	36
Y		1						1				1		1		1	1				5	1	11		9		36
Z	2	2	1	1	6	2	1		1			1		1	2			3	1				1	2		9	36
計	37	41	50	34	49	44	37	22	44	33	32	38	21	26	68	34	29	25	23	27	57	68	28	29	25	15	936

（左側の行見出し：刺激文字）

の有無、文字の形態的複雑さ・親密度（熟知度）、刺激セットの大きさ（アルファベット大文字とカタカナでは、26 文字と 48 文字という文字数が異なることに由来する）の効果を系統的に調べた。その結果、正再認数と文字への熟知度との間では有意な相関係数がみられなかったが、それ以外の要因ではすべてで統計的に有意な相関がみられた。それぞれの条件下での結果を混同行列としてまとめている。表 4 はアルファベット大文字を提示した 12 名の、表 5 はカタカナ文字についての別の 12 名の実験参加者について、3.0 mm、5.5 mm、8.0 mm の文字の各々について集計した混同行列（対角線上は正再認数）である。運動

4. 触覚のパターン認知　35

表5　カタカナの能動的触運動知覚条件下の混同行列（田崎，2003 より）
（3.0、5.5、8.0 mm の再認結果を集計したもの：実験参加者 12 名）

刺激＼反応	ア	イ	ウ	エ	オ	カ	キ	ク	ケ	コ	サ	シ	ス	セ	ソ	タ	チ	ツ	テ	ト	ナ	ニ	ヌ	ネ	ノ	ハ	ヒ	フ	ヘ	ホ	マ	ミ	ム	メ	モ	ヤ	ユ	ヨ	ラ	リ	ル	レ	ロ	ワ	キ	エ	ヲ	ン	Total
ア	11	1	1			4										1	2	1		2	4	1	2			5		1			1	1				1	1			1								1	36
イ	4	18			1										1		1			7										2	1				1				1									36
ウ		5	1	1	1	1	2								4				1		3			1	1			1			2				2			1	6	1		1						36
エ			18	1		1										6						1							1	1	1	1								1	2	1						36
オ	1	1	2		6	1	1				2		1	1	1		1	1	3	3		2	1		1	1	1																						36
カ		1	5		1	6			2		6			1			1			1	1			2									2	1		2	1												36
キ	1	1		3		1	10		1		1		2	1	2	1		1	1						4	2	1	1									1	2											36
ク	1					1	14	1	1		1	3	1									6													1	1		1	2					2					36
ケ	2			2		3	2		3		1	1	1	1	3			1		1											1					4	3		1	1									36
コ					1	28							1				1																																36
サ	3	1			1	2	2	1			6	2			2				2			1	1				1				1	1			1									2	1				36
シ		1							8	1	5		2				2			1	1	2	1				1								6					5			36						36
ス		2	1			1			1		19	1		1		1	2				2			1	1	1																							36
セ				4	1		1	1	1	1	2	3		1					3	1	1		5	3		3	1	1											1	1	1								36
ソ											23				2																										1							8	36
タ	1			1		5	1	1		1				1	11	1	1				1															2	1			2			2				2	36
チ			1	1	1		2	2	2	3			1	2	8				1		2	1			2			1	1	2	1												36					36
ツ	1		1	1			3			1	3	1	3	1	4					4							2				1	1	2	1	2							1	1	1				36
テ		3		1	1									1	16	1	1	1	1	1						1							1	5				1										36
ト	2	2	2		2	1	2		2	1	1	2				31					1	1		4	1	2	3			2					1													1	36
ナ																			31																							1							36
ニ				1	1	1		2	1			1	1	2					7	4				1	1	1		2	4	1																		36
ヌ				4	2	3				1	2	3			2	4		2		2	1	5		1	1	1		1																				36
ネ																			36																														36
ノ		2			1		2			1	1									18	1	2				3		4																					36
ハ										1		3									20	1			1	1												3											36
ヒ	1											2									31										1																		36
フ	1		2																		1	3	4	1	24																								36
ヘ																			1				3	4		1	1	6	2			1				1	1	1										36
ホ	1		2	2	1	1			4	1			1	2							3	1	1	2	2			10		2		1		1	1		1											36
マ	1	1	1				2	1				3	1	1	2	2			20					1	1	1		1																					36
ミ			1	1				1				1	5	1							20		1	1	1	2																							36
ム		3			1		1					1	1	1	1		1				2	3	2																									36
メ	2											1					2	3	1	7			1		1	11	1	2																					36
モ	1		2		2		1		3					3	1		2				6	1	5	7																		1	1						36
ヤ	2			1	3				2			1			2	2	1	1	1	2	3			4																									36
ユ		6				4						1	1				4	1				1	1						13	2																			36
ヨ	1	1	1			1					1	1				2				1	9				11			4						2															36
ラ			1		3	1	1		5		1	1	2	1							2			1			1		8					1	1	1	5												36
リ	2	1							1		5		2		2	1	1											1						1	12	2	1												36
ル									2																				2												2	27	1						36
レ		2				1						2								1																						25							36
ロ	1						2		6	2						2		1																							1	14							36
ワ	1															2		1									1													1	1	3						36
キ	1	1	1	1	2		5		1	1		1	1	2	1		1										3		2							1	1	3											36
エ	1	1	1	8			1		1				4	1	1				1	2						1		1	2	1	4			1															36
ヲ											1	1				1	1				2				2				4	2								1	1					13					36
ン			1									1	11							1																												21	36
Total	39	43	26	47	28	29	43	45	17	53	42	36	30	26	56	38	23	39	29	23	19	76	42	35	60	30	41	73	34	30	42	48	13	28	14	23	23	31	30	50	21	54	57	35	17	6	35	49	1728

の有無の実験では、静的触に比べ能動的触運動の方が成績はかなり良くなった。その他の実験では、刺激の大きさ、刺激の複雑さなどの末梢的影響が大きいこと、そして反応の選択肢数（刺激文字セットの大きさ）による走査範囲など中枢的影響が確認された。しかし、熟知度との相関はみられなかった。熟知度は日常の視覚下での経験頻度に伴い得られた印象である。視覚的に熟知度が高くても触覚的には再認が難しい文字も含まれる。したがって触覚による再認と熟知度との間で相関がみられなかったものと考えられる。

　刺激相互の誤反応による類似性測度（N'_{ij}）で誤反応を分析するために、以

36   第3章　触覚の知覚現象のいろいろ

下の式（1）を用いた。

$$N'_{ij} = N_{ij} + N_{ji} \text{---} (1)$$

N'_{ij}：刺激文字「i」と「j」との間での誤反応の和

N_{ij}：刺激文字「i」に対する誤反応文字「j」の数（頻度）

N_{ji}：刺激文字「j」に対する誤反応文字「i」の数（頻度）

　文字式を見ると難解に感じる人もいるであろうが、要するに、文字の誤りの方向性を一方向と逆方向の双方向での誤反応の和で表わすという意味である。その結果、文字の大きさなど条件間で「N'_{ij}」による相関係数は条件が異なっても統計的に有意であった。すなわち文字の大きさなど条件間で文字相互の誤反応の相手は安定していることがわかる。

　混同行列を眺めていると、誤反応の方向は、形が複雑な文字刺激に対しては、形が類似した、より簡単な文字へと誤って認知反応する傾向がみられた。この傾向はカタカナでもアルファベットでも同じように観察された。

　能動的触覚条件と準静的触覚条件（刺激面に当てた指面を擦らずに回転のみの条件）で、同一の刺激提示装置を使って実施したところ、能動的触覚条件のほうが準静的触覚条件よりも、ほぼ2倍の正認知率の成績を示した（田﨑, 2003）。触覚においては能動的触覚の優位性がこの実験結果でも明らかとなった。この現象は触知覚の実験では一般に共通して観察される。

　ところが刺激の大きさや提示方法によっては逆の結果も報告されている（Heller, 1986）。したがって、刺激の大きさや提示方法を考慮する必要がある。

　アルファベット大文字の混同行列を視覚と触覚で比較すると、視覚研究（Kinney et al., 1966; Lindsay & Norman, 1977）と能動的触覚研究（田﨑, 2003）とで、混同傾向が類似していることが確認できた。また他方で視覚と触覚のそれぞれ異なる独自の感覚様相の特徴もみられた。

　しかし何故、視覚と比べて、触覚ではパターン認知が難しくなるのかという疑問がある。一つは、先述のように視覚の刺激入力が同時的（simultaneous）であるのに対して、触覚の刺激入力は、継時的（successive）であることが原因と考えられる。継時的情報入力では情報が、次々と生じては消える感覚記憶

と短期記憶を手掛かりにさかのぼって一つのイメージへとまとめることが困難
である。その他、末梢神経から中枢神経までいろいろな原因が考えられる。

　以上のように、筆者（田﨑，2003）は、触覚の特徴を見出す研究の方法とし
て、混同行列を用いたが、混同行列の研究方法の副次的な産物として、ヒュー
マンエラー（human error）の研究への応用が考えられる。混同行列により混
同されやすい組み合わせを特定できるので、混同行列の分析方法は、ヒューマ
ンエラーなど広範囲の研究に応用可能と思われる。その結果から、差異的な表
示や形状を意図的に付与することにより、他との混同によるヒューマンエラー
を防止できる何らかの示唆が与えられるはずである。

　山本・綾部（2010）は、4 × 4 マトリックスからなる凸パターンの能動的触
知の学習において、利き手拇指による学習が、後の非利き手拇指および非利き
手人差し指へと転移する効果を確認し、その後も 1 週間後、1 か月後〜15 か月
後でも保持されていたと報告している。しかし学習の転移の原理の通り、類似
性が低い他技能への般化はみられなかったという。

　幼稚園児によるひらがな文字認知に関する視・触様相間比較の研究（田﨑，
1989）では、実験で用いたひらがな文字は「い、う、え、く、け、さ、し、
す、た、つ、と、に、へ、も、や、ゆ、り、ん」の 18 種類で、形態的に比較
的簡単な文字であった。標準刺激として正立像の文字（S）、比較刺激（C）と
してC_1〜C_5の 5 種類があった。C_1は S と同一で正立像の並置、C_2は正立像
を時計回りに 90 度回転した刺激、C_3は 180 度回転（点対称）、C_4は上下対
置（上下鏡映関係）、C_5は水平対置（左右鏡映関係：5 歳ごろにみられる鏡映
文字に相当）である（図 16 は「う」の例）。これらの比較刺激を用いた根拠
は、マッハ（Mach, 1918）の研究にある。マッハ（Mach, 1918; 須藤・廣松
訳，1971）によると、標準刺激とC_1との並置は特有な・愉快な印象、C_2は知
的な手段なしには同形とわからない、C_3は形の類似性が効果を発揮する、C_4
では回転させ知的な操作を加えなければ形態の類似性はわからない、C_5は形
の類似性が効果を発揮するという。課題は比較刺激が S と同じであるかを問
うもので、C_1（「同じ」が正解）以外の比較刺激（C_2〜C_5）は「違う」が正解
である。正誤のフィードバックは与えなかった。同じ形態と大きさを保ったま
まで視覚用刺激と触覚用刺激をそれぞれ作成して刺激文字として用いた。視

38　第3章　触覚の知覚現象のいろいろ

図16　ひらがな文字の刺激例「う」（田﨑，1989）

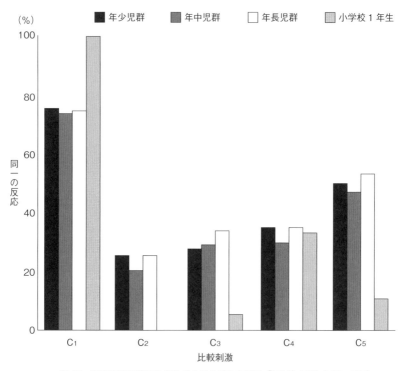

図17　能動的触運動知覚条件でのひらがな文字の「同じ」反応（田﨑，1989）

覚あるいは能動的触運動知覚（カーテンで手元だけを視覚的に遮断した）のそれぞれの感覚様相内で、標準刺激と比較刺激（C_1〜C_5のうちの一つ）を同時に提示し、同時的に比較させ異同判断をさせた。その結果を図17と図18に示した。標準刺激と混同されやすい比較刺激は、視覚と触覚で共通して、$C_5 > C_4 > C_3 > C_2$の順となり統計的有意差がみられた。この傾向から、対称関係にある形のC_5やC_4は平面内回転のC_2やC_3よりも混同されやすく、対称

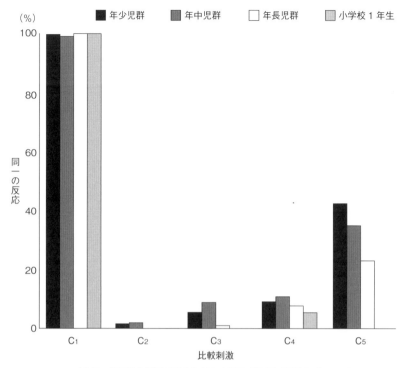

図18 視知覚条件下でのひらがな文字の「同じ」反応（田﨑，1989）

性があるということは混同を容易にする要因といえる。視覚の先行研究での左右対称 C_5 の方が上下対称 C_4 よりも弁別が困難であるという現象（Corballis & Beale, 1976; 白井・鹿取・河内, 1978）が、この実験の視覚条件下と能動的触運動知覚条件下の両条件下でも観察され確認されたことになる。とりわけ「う、く、へ」など簡単な構造の鏡映文字 C_5 は視覚と触覚に共通して標準刺激と混同され易い傾向がみられた。対称性の認知に関して、C_5 の触察時の手の運動の対称性は、視覚における眼球運動と類似した機能を果たしているかもしれない。この点については今後詳細な研究が必要である。鏡映文字の現象は幼児期後期の年長児の発達段階おいて一般的にみられる一時的なものである。上記の実験例から示唆されることは、ひらがな文字の鏡映文字指導においては、視覚的な気づきだけでなく、同時に書き順など能動的触運動的パターン認知も

≪コラム≫

　田﨑（1989）で用いた左右対称の文字、鏡映文字は視覚でも触覚でも混同されやすい形態であった。言語学者井上史雄氏は「左右対称文字に経済性・合理性」があるとして左右対称の文字のもつある種の社会的意義について触れ、文字の世界にも経済性や合理性が働き、実利がからむとしている。その一部を要約したうえで以下に紹介する。

　裏返しても左右が同じ形になる文字を「鏡文字」と呼んだうえで、たとえばアルファベットだと「AHIMOTUVWXY」などがそれで、半分近くが鏡文字だという。「鏡文字は形が単純で覚えやすいし、NをИと書くような間違いもない」のである。

　また、「カタカナだと『エニハホロ』が近い」。さらに、「ひらがなでは直線を使わないので、『いこひ』程度」が該当する。

　合理性かつ教育的見地から。「漢字の鏡文字は教育的に重要である。文部科学省では教科書で教える漢字を学年別に配当しているが、はじめは鏡文字が多い。小学校1年生で教える80字の約半数は鏡文字で、『一二三大中小日本山木車』などである。そのかなりが物の形を踏まえてできた象形文字だから、漢字の成り立ちを説明するのにも便利だ」。ところが「6年生の配当の181字の中では1割ちょっとに減る。漢字の数が増えて、難しい漢字になると、偏とつくりを組み合わせるので、左右対称でなくなるのだ」として、文部科学省が定める教科書で使用される配当漢字の数においても子どもの発達にともなって鏡文字が減ってくることを指摘している。

　さて実利の面ではどうか。「鏡文字は商業的に効果的だ。のれんやのぼりが裏返しでも、外からも内からも、鏡に映っても、読み取れる。室町時代の看板には『一大吉』などが現れる」という。

　またさらに政治の面では。「鏡文字は政治的にも有利だ。選挙ののぼりで、鏡漢字ならウラからも読める。やさしい漢字が多いので、ひらがなのポスターを作らなくてもいい」と述べながら、加えて、政治の世界のもつ裏表に言及している。

　こうした見地から、「結論。文字の世界にも、経済性や合理性が働き、

実利がからむ」（「日本経済新聞 2016 年 3 月 20 日記事―現代ことば考―」より）というのである。

　鏡映文字と混同されやすい文字は、簡単な形をしていることが多く、鏡映文字との「類似性（Mach, 1918; 須藤・廣松訳, 1971）」が高い。しかし視覚の場合の類似性は形態上の類似性であるが、触覚では運動軌跡パターンの類似性であり、両者は意味が異なると思われる。ひらがな文字の能動的触運動知覚の実験（田﨑, 1981）で観察された、異同判断課題における文字探索時の手の触運動的運動は、標準刺激と比較刺激の左右で同時的で類似した運動だが左右対称的（鏡映的）運動のパターンになっていたからである。能動的触運動知覚事態で鏡映文字を正立の正しい文字と「同じ」と回答した幼児は、鏡映的関係に気付いていないで、この運動軌跡パターンの同時的な類似性によって異同判断を左右していたものと考えられる。したがってワープロでの文章作成が多い今日、書字指導においては運動パターンや筆順の習得・記憶が必要な観点と思われる。

訓練することが効果的と思われる。

　幼稚園児の年少・年中・年長児についてみると、視覚と触覚（自由に探索させた能動的触運動知覚）との相違点として、触覚は視覚に比較してどの年齢群でも異同判断の正確さが約 25％低下した。触知覚では C_5（鏡映文字）をどの年齢群でも約 50％が「同じ」と誤判断をしている。他方、視覚では C_5 の誤反応は年少児で 42.6％、年中児で 34.7％、年長児で 22.9％であった（統計の有意差がみられた）。視覚では、年齢とともに鏡映文字の誤反応は減少していく傾向がみられた。すなわち視覚では発達にともない誤反応が改善されていくのに対し、触覚では改善されないのは何故かという疑問が残った。能動的触覚の条件では刺激をカーテンで隠して直接見えないようにしたままで触察させ視覚的に制限したので、手の筋肉運動パターンの左右対称性に基づいた異同判断が優位になったものと考えられる。観察中に次のような場面があった。ある幼児は触運動下で C_5 が標準刺激と同一と報告した後、実験者が試みに標準刺激と C_1 とを並置して提示したところ、視覚条件下でありながら C_1 を標準刺激と異な

図 19　垂直・水平錯視（今井, 1984 より）

ると報告した。誤反応の原因として、文字への知識が不確実な発達段階であること、形の類似性でなく運動パターンの類似性で判断したこと、視覚的なイメージを活かせていないことなど、幼児自身が実験下で錯綜している状況が考えられる。その他、幼児期では触知覚にかかわる能力の発達が十分でないために、触覚による認知で誤りが生じ易いものと考えられる。なお実験参加者の小学生のデータは1名のみであるので参考程度のデータとみなすべきと考える。

ひらがなの触知覚については、和氣・和氣（1988）が能動的触知覚下での加齢効果を調べている。

5. 触覚における錯覚：錯触

錯覚とは一般に「知覚された対象の性質や関係が、刺激の客観的性質や関係と著しく食い違う場合」（田中, 1999）をいう。換言すれば、錯覚は対象の物理的客観的特性を歪めて知覚する現象である。錯覚は、刺激対象が存在しないにもかかわらず知覚する幻覚（hallucination）とは異なる。視覚における錯視（visual illusion）に対して、触覚の場合には錯触（tactual illusion）という。視覚の場合、山の端の太陽や月が大きく見える（月の錯視）など、視覚の錯覚（錯視）は日常的に経験できる。ところがミュラーリエル錯視や垂直・水平錯視（図19）はもちろん一般的な幾何学的錯覚の多くが触覚でも生じることが明らかになっている。

今井（1984）は、触覚独特で識別性触覚の幾何学的錯触として、シャルパンティエの錯覚（Charpentier's illusion）とアリストテレスの錯覚（Aristotle's illusion）を紹介している。シャルパンティエの錯覚は、大きさ・重さの錯覚ともいい、同一の重さでも体積が大きい方が軽く感じられる現象である。運動

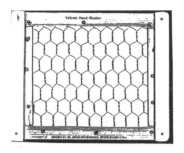

図20 velvet hand Illusion の装置 (田﨑・徳永, 2011より)

感覚の錯覚であり、いわゆる比重で判断しているという現象である。アリストテレスの錯覚は、人差指と中指を交差させ、その間に1本の細い棒をはさむと、1本の棒が2本に感じられる現象である。その他には、宮岡 (2014) が fishbone tactile illusion を紹介している。それによると魚の骨のパターンを3Dプリンタで作成した刺激で「背骨に沿って指を動かすと、背骨部分が中骨（背骨から左右に伸びる骨）よりも凹んで感じられる」という錯触である。これらの錯触は、触空間において機械的受容器が刺激されることによる触覚独特の錯覚である。錯触についても他にたくさん存在するものと思われる。錯触研究の発展のためには、錯触コンテストが開催できるくらいに研究者が文献研究や工夫発明の結果を公表する機会を設けることが必要と思われる。

　他方、触ったときの質や感触に関する錯触がある。たとえば velvet hand illusion（以下、VHI）では、図20ような簡単な装置の金網の部分を両手で挟んでこすれば滑らかで柔らかなベルベット生地のような触感が得られる現象である（宮岡, 2010）。筆者ら（田﨑・徳永, 2011）は、大学生20名（男子5名、女子15名、平均年齢22歳7か月）に、実際の布生地、①綿ブロード（平織）、②綿ベルベット（パイル）、③毛トロピカル（平織）、④絹羽二重（平織）、⑤ポリエステル・タフタ（平織）、⑥ポリエステル・スムーズ（編物）、そしてVHIを加えた7種類の刺激について、一対比較法の実験を実施し、結果を尺度化した。その結果、もっとも柔らかで滑らかだったのは、②綿ベルベット（パイル）、次にVHI、④絹羽二重（平織）、⑤ポリエステル・タフタ（平織）、⑥ポリエステル・スムーズ（編物）、①綿ブロード（平織）、③毛トロピカル

44 第3章 触覚の知覚現象のいろいろ

（平織）の順となった。金網のような硬い素材を触れて感じる柔らかさが本物のベルベットや絹の感触と同等という結果であった。ただし参加者の実験中の報告から、絹の滑らかさと綿ベルベットの柔らかさは、質的に触印象が異なることが判った。そのためにさらに「より滑らかさ」あるいは「柔らかさ」のどちらか一方だけに絞った課題での確認が必要と考える。また集計から除外した2名の実験参加者はVHIの感知が困難であった。VHIはすべての人が体験できる錯覚というわけではないようである。図20は実際に使用したVHI提示用具（外寸、縦270mm、横350mm、金網目六角形の1辺約15mm）である。外枠木材と金網はホームセンター市販の材料にして筆者が手作りした。VHIでは、金網を触れることがベルベット生地のような柔らかな触感を生じさせる現象であり、情動的・感情的触の代用として応用が可能かもしれない。

　グレゴリー（Gregory, 1963; Day & Gregory, 1965）は幾何学的錯視を、不適切な恒常尺度によって平面図形を立体的に読み取ろうとする脳の誤解釈であると説明する。しかしながら幾何学的錯覚の多くが視覚だけでなく触覚でも観察できる。幾何学的錯視の中でももっとも有名なミュラーリエル錯視（Müller-Lyer visual illusion：矢羽根補助線付与による主戦の長さの錯視）は触覚でも観察可能であり、受動的触（太腿や背中への提示）と能動的触覚（手指での触察）のどちらの触条件下でも観察される。グレゴリーの説明を錯触の現象説明に適用するのは疑問であるとする研究者もいる（Over, 1967）。視覚と触覚の両感覚様相に共通した説明原理はまだ見つかっていない。触覚の研究者が少ないことも、錯触の多くが未解決のままに放置されている理由の一つと思われる。

　ロック（Rock, 1975）によると、幾何学的錯視のような古典的錯覚の多くは凸に浮き上らせた線（raised lines）で構成した錯視図を、目隠し状態あるいは視覚障がい者が指で感じる方法によって、視覚とほぼ同じように体験できる。しかし、触覚では錯覚量は視覚よりも少なくなる。とりわけ、対比、同調、融合の過程の結果として生じる錯覚の場合、あまり驚異的でなくなる。また分割錯覚（p.42, 図19：ある水平線分に対して直交する数本の垂直線分を追加することによる水平線の長さの印象）においては、視覚では過大評価がみられるのに対し、触覚では逆に過小評価になるといわれている。ミュラーリエル錯視は触覚でも感じられる現象だが、触れ方によっては複数の指で同時に触

れた場合と、1本の指で辿るような場合では、結果が異なるといわれている。このように、錯触を説明するのにデータや理論が未だ十分でなく明確に説明できていない。視覚経験皆無の先天的視覚障がい者が開眼手術後に幾何学的錯触の体験が可能である（Gregory & Wallace, 1963）。今後、先天盲の人が錯覚を経験する事実をも踏まえた理論の構築が必要といわれている。

　上述のように大抵の単純な幾何学的錯覚は能動的触覚でも生じる（Krueger, 1982）が、受動的刺激を人間の背中など皮膚面が広い身体部位にマトリックス状振動子により与えて錯覚を生じさせる報告が過去に存在した。

　ヘラー（Heller, 2000）は、ギブソン（Gibson, 1966）が錯覚は不十分な情報、劣悪な観察条件、あるいは正確な知覚判断に必要な情報が不十分なことに由来すると考えたことを紹介している。ヘラー自身も、視覚と触覚の錯覚はほぼ等価であるが、2次元（平面）パターンで差が生じる可能性を指摘している。たとえば、垂直・水平錯覚（図19）を例示し、水平線より垂直線の方が過大評価される現象であるが、L字型の垂直・水平錯覚でよりも逆さT字型（分割効果）の垂直・水平錯覚でのほうが錯視量はより大きくなる。しかし、視覚と触覚では錯覚の理由が異なるという。視覚では前額平行と平面のどちらでも生起するが、触覚ではその方向が重要で前額平行に提示されたときには錯覚は生じないという。「触覚の場合、放射方向の走査効果の存在が重要な因子であり、身体から遠ざかる tangential 運動のときよりも、身体へ集中する converge 方向で垂直線の過大評価が生じる」（p. 197）としている。すなわち、腕の動きが関係しているようで、腕の動きが関与しない小さな刺激（7.5 mm以下）の場合、錯覚は消滅する。このことから、能動的触覚による錯覚は、刺激の探索・走査など、選択される探索方略の方法や刺激の大きさや方向に依存しており、そこが視覚と触覚で異なる点としている（p. 197 の要約）。このように視覚の知識を触覚にまで一般化しようとするときには注意を要する。

　視覚や聴覚における感覚・知覚の量の測定に際しても正確を期すべき精密な配慮が欠かせないのと同様に、触覚様相における感覚知覚の量の測定に際して、それぞれの感覚様相にとって、適切な刺激のあり方が差異的であることに注意して準備すべきと考える。

46 第3章 触覚の知覚現象のいろいろ

6. 触覚の幻肢体験

　幻肢体験とは医療処理や事故などにより失った四肢に痛覚が存在する現象である。脳により痛の記憶が再起されるためとされたこともあるが、未だ十分に解明されていない。幻肢痛を治す方法として、残存している方の腕を鏡に映して動かしてみることで痛みを和らげることができる（mirror therapy）といわれている。村田（2015）は、「体の一部を切断されたにもかかわらず、切断された部位が存在しているかのように感じる幻肢の患者では、体性感覚野における体部位局在のマップが変化している。例えば、手首から先を切断された患者では、SI の手の支配領域に隣接する顔や腕の領域が拡大して入り込んでくる。残った顔や腕に触れると失われた体部位にも触覚を生じ、幻肢を感じる」（p.524）として幻肢のメカニズムを解説し、さらに「…このことは、触覚が自己の身体意識の大きな基盤の一つであることをも示している。…サルの SI（第一次体性感覚野）では、ブラシや毛皮、ひげなどが触れたときには応答するが、自分で自分の体に触れたときには応答しないニューロンが見つかっている。自己の身体と外部環境を区別することを意味し、自己身体認識の過程の第一歩となる（pp.524-526）」と述べ、触覚と身体意識との大きなつながりを強調している。もともと触覚では自己の身体意識との関連が強いなかで、脳の体性感覚野が変化した結果として幻肢体験が生じるとされている。

　「脳内の身体の符号化には多種感覚統合が重要である。自己の身体部位が自己に所属するという身体保持感は、体性感覚と視覚の統合によっておこる」（Jeannerod, 2003; 村田，2015，p.526）とあるように、自己身体認識には皮膚感覚と視覚の介在が影響していることが考えられる（本書第1章，p.12 参照）。

7. 日常生活における触覚と視覚との関係

　バークレイ（Berkeley, 1709）は視空間と触空間は別のものと考えた。同時に、触覚が視覚を育てると主張した。鈴木（1994）は「コーヒーカップがわかるとは？」という疑問について、「人がカップとはどういうものかを知り、それを使いこなせるようになるには、目でみるだけでなく、触ったり、使ってみ

たりしなければならない。ということは、カップを扱うのに必要な脳内情報は、目から入った視覚情報だけで作られるのではなく、同時に触覚や筋紡錘など、手の感覚から入った情報が統合されて形成されると考えられる」(p.65)。仮想現実感（virtual reality）やシミュレーションでは視覚だけの平面空間を操作するが、現実の空間は3次元の立体空間であり、人間が現実の世界に適応し生活するには仮想現実感は情報が欠損した環境といえる。空間知覚には、視覚だけでなく同時あるいはそれ以前の体験としての触覚による直接接触が不可欠である。また視覚が現実世界を踏まえたより確かな様相であるためには、あるいは視覚が他の感覚をも含めた代表性や表象を担う様相であるためには、触覚や他の感覚による体験的な根拠や証拠が必要と考えるからである。

　視覚と触覚の類似性として、ギブソン（Gibson, 1962）は、触覚では両手からの別々の印象が一つになり、視覚では両眼網膜からの別々の印象が一つになる点で類似しているとしている。視・触の相違点として、これまで述べてきたように、与えられた刺激への走査が視覚では同時的であり、触覚では継時的であることが挙げられる。この走査方法の根本的な差異的特徴の他にも、それぞれの感覚様相での刺激把握の仕方を規定している他の要因を考えるべきである。

　菊池信義氏（前出，p. 8《コラム》）の「手の感触が忘れられない」「視覚がとらえた意味を他の感覚がとらえた印象と重ね合わせる」とあるのは、日常的には意識されない対象が、触覚的記憶が手がかりとなり視覚における記憶想起として意識される例であろう。

8.　オノマトペ語彙による触覚の研究

　感覚印象の表現方法としてオノマトペ（onomatopoeias: フランス語でonomatopée、擬音語・擬態語のこと）がある。触った時の触覚的感覚印象を感性語のオノマトペを用いて表現させる研究方法である。「オノマトペは、単語の音の響き自体が対象の性質を表しており、その音を聴いただけで、ある共通のイメージを呼び起こす」。このオノマトペを利用して触り心地を分類しようとした研究がある（早川・松井・渡邊，2010）。触感覚を表す2拍が繰り返す語のうち、『擬音語・擬態語4500日本語オノマトペ辞典』（小野，2007）か

第3章 触覚の知覚現象のいろいろ

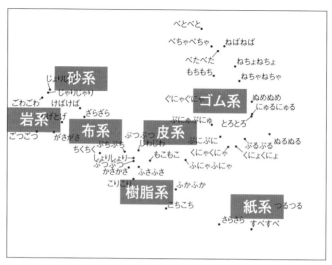

図21 オノマトペを利用した触り心地の分類（早川・松井・渡邊, 2010より）

ら、かさかさ、がさがさ、くにゃくにゃ、ぐにゃぐにゃ、くにょくにょ、けばけば、こちこち、ごつごつ、こりこり、ごりごり、ごわごわ、さらさら、ざらざら、じゃりじゃり、しょりしょり、じょりじょり、しわしわ、すべすべ、ちくちく、つぶつぶ、つるつる、とげとげ、とろとろ、にゅるにゅる、ぬめぬめ、ぬるぬる、ねちゃねちゃ、ねちょねちょ、ねばねば、ふかふか、ふさふさ、ぷちぷち、ぷつぷつ、ふにゃふにゃ、ぷちゅぷちゅ、ぷにぷに、ぷるぷる、べたべた、べちゃべちゃ、べとべと、もこもこ、もちもち（計42語）を使用している。これらの単語について、大きさ感（「ごつごつ」「ごりごり」などで高い値）、摩擦感（「ざらざら」「じょりじょり」などで高い値）、粘性感（「ぐにゃぐにゃ」「ねばねば」などで高い値）という触覚印象を5段階で評価させた。20代の男女各10名、計20名が実験に参加した。分析の結果（図21）、粗さ、硬さ、湿り気の因子が見つかり、オノマトペの単語分布図は、触対象そのものを用いた先行研究の結果と一致したという。また、音韻論的に言葉の響きの違いが触覚的印象の違いに影響することを指摘している。さらにオノマトペに存在しない触り心地の領域が存在することも明らかにしている。たとえば、「分布図上で"ざらざら"と"ぐにゃぐにゃ"の間に、"しわしわ"を

濁音化した、粗さと柔らかさを併せ持った"じわじわ"というオノマトペが考えられる。このような新たな感性語を作成する試みは触感覚の認識を広げると考えられる」などとし、オノマトペによる感覚印象表現の研究は、触覚の細部にわたる質的研究として今後の研究成果が期待される。早川ら（2010）の研究などオノマトペに関しては、渡邊（2014）に詳しく紹介されている。

　オノマトペの感性語は感覚印象の微妙な意味的差異を適切に表示する（denotative）ことが可能なので感覚印象に近い表現手段の一つといえる。実際的な応用例として、オノマトペは、医療の領域では患者さんの痛みの表現手段として（p.8）、産業の領域では触った時の印象を工業製品の品質管理など官能検査の評価項目としても使用されてきた（p.89）。

　本章に関するその他として、渡邊（2014）は「触覚が自分の身体の存在を確かめる感覚」（p.29）としている。彼は情報工学の立場から、情報を記号伝達（それ自体ではなく別の何かを指し示すもの）と意味伝達（記号によって指示される何か）に分類し、さらに触覚の意味情報を生命情報と社会情報に分類している。生命情報とは生命にとって意味のある感覚のパターンであり、社会情報とは言語記号やその意味の伝達に関する情報としている。渡邊（2014）の研究は、工学的立場から能動的触覚（haptic sense）の認知的側面における、触覚の分類、触覚情報の意味を深く探っている。

　これに対して、中島（1999）は、触覚メディア論の立場から、触覚の感情的側面を取り上げている。中島（1999）は、触覚メディアを「手や指を使って能動的にメディアを操作することを通して、視覚や聴覚を超えた人間的な感情を情報として伝えられるメディアのこと」としている。その背景には感情が込められたコミュニケーション手段として、知覚者側を考慮・理解したうえでの適切な表現方法という課題があり、そこでは感触や人の感覚の機微といった感覚印象が重視されるというものである。

第4章　触覚と開眼手術後の世界

1. 先天性全盲者の研究

　英国経験主義哲学者ロック（Locke, 1706; 大槻訳, 1972）は『モリヌークス（Molyneux, William）の疑問』を紹介している。少し長いが問題の核心を引用してみよう。「問題はこうだ。すなわち、生まれつきの盲人が今は成人して、同じ金属のほぼ同じ大きさの立方体と球体を触覚で区別することを教わり、それぞれに触れるとき、どちらが立方体で、どちらが球体かを告げるようになったとしよう。それから、テーブルの上に立方体と球体を置いて、盲人が見えるようになったとしよう。問い。盲人は見える今、触れる前に視覚で区別でき、どちらが球体で、どちらが立方体かを言えるか。これに対して、鋭く明敏な問題提起者は、言えないと答える。なぜなら、盲人は、球体がどう触覚を感発し、立方体がどう感発するかの経験をえてしまっているが、触覚をかくかくに感発するものは視覚をかくかくに感発しなければならないという経験、すなわち、手を不平均に押す立方体の尖った角は、目に立方体の尖った角の現われ方をしようという経験をまだえていないからである」（訳書, p.205）。大半の読者はこの問題と結論について話題の筋（すじ）として異議を唱えることはないと思われる。しかしこの問題への解答を実験的に証明するには、実験協力者との出会いや実験・調査の継続など困難を伴うはずである。

　この問題に関して、ゼンデン（von Senden, 1932; 鳥居・望月訳, 2009）は、開眼手術受術66者の事例を紹介している。そして先天性全盲の人は開眼手術後に、直ちに完全な視覚空間が機能するのではなく、見るための厳しい訓練・学習が必要であると報告している。そのために手術後でも最初の期待通りとならず、それまで依存してきた触感覚入力情報に依然として頼ってしまおうとするのが観察・報告されている。ゼンデンのこの著作では、先天性全盲患者の開眼手術前のおもに能動的触覚による空間意識と晴眼者の視空間意識とが相違す

る根拠となる事例を示している。ゼンデンは、受術前の（その場しのぎの）処理様式（schema）と視覚による全体としての空間構造・空間概念とは異なるとして、受術前の触覚印象による空間性について否定する立場をとっている。「先天盲にとって距離なるものは空間ではなく、時間に関わる事柄だったのである」（訳書，p.32）としている。また、重さと素材の質感についての触感覚は優れていたが、長さや大きさや太さの比較は難しかった。それでも開眼手術後に目をある程度使えるようになると、以前には思考活動を集中させた触覚的で継続的な処理様式が使えなくなり、視覚的で同時的なイメージを活用しようとするようになるとしている。やがて、「提示された形の輪郭を眼で辿ることに成功し、同時に、それらを想像上で触探索したという点である。さらに、触覚的系列と視覚的系列との間の同一性を確立する」（訳書，p.156）。

　受術直後は、触覚で知っている事物をその女性受術者の前に持っていっても認知できないが、「事物に触れることを許すや否や、彼女たちはたちどころに正しい名前を言った」（訳書，pp.131-132）。要するに、「触覚と視覚によって得た知識を結びつけられないことに彼女は当惑し、触覚ではかくも容易に弁別できる事物に対して、その眼にはすぐには弁別できるだけの力がないことに、ひどく失望したようだった」（訳書，p.143）と述べている。

　このようにゼンデン（von Senden, 1932; 鳥居・望月訳，2009）による事例は、開眼手術後の「盲人は見える今、触れる前に視覚で区別でき、どちらが球体で、どちらが立方体であるかを言えるか」の「モリヌークスの疑問」に対して、ロック（Locke, 1706; 大槻訳，1972）の考えの「言えない」を支持する実証的な証拠となっている。

　開眼受術後の視知覚獲得過程の観察や実験的研究では、鳥居と望月が国内第一人者で、現在も毎年のように研究成果を報告している。鳥居・望月による、受術後の視知覚獲得過程に関する研究論文（望月，1979 ほか）が、ゼンデン（1932）の翻訳書（2009）巻末にも掲載されている。図22 は開眼手術後の視覚による形態知覚獲得過程を図示したものである（鳥居，1982）。受術後の視知覚獲得過程の研究では、以上のほかにも色彩視、奥行き視、立体知覚、透視画的図形の構造把握、顔の表情知覚の知覚学習について詳しく報告されている。

　開眼手術を受術していないで触覚に依存した日常生活を送る人たちにとっ

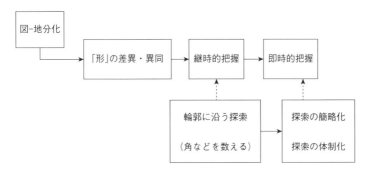

図 22　形態視機能の生成過程と探索操作（鳥居，1982 より）

て空間理解と知覚内容の表現の実態を調べた実験結果がある（望月，1979; 田﨑・足立，1977 など）。田﨑・足立（1977）は，ある県立盲学校高等部の先天性全盲の生徒を対象に，手のひら大の基本的幾何学的立体（立方体，円柱，円錐，球，三角柱ほか）の3次元立体空間を2次元平面空間に表現する課題と，その逆方向の2次元表現から3次元立体を想起させ対応させる課題を遂行してもらった。そしてどちらの課題も先天性全盲の人にとってかなり困難であることがわかった。ただし「立体が描いてある」と教示すると正再認率がわずかに増加した。視覚的空間のイメージを利用可能な晴眼者では，透視画法，重なり，陰影や展開図のような3次元奥行空間を2次元平面へと翻訳する translation-rule の知識を活用できるが，視覚的空間のイメージをもっていない先天性全盲の人にとって3次元空間（立体）と2次元（平面）との間での表現や対応は困難であった。この種の表現法が触覚そのものにはないことが一因となって，触覚に大きく依存している先天性全盲の人たちにとっての空間理解やコミュニケーションを不便にしている可能性がある。この問題の発展として，本書では第7章（p.71）において言及した。

2. 中途失明者の事例

　他の事例の開眼手術受術後の経過を考える。カーソン（Kurson, 2007; 池村訳，2009）は，3歳の時に化学薬品爆発で失明し46歳で角膜上皮幹細胞移植

（胚性幹細胞など ES 細胞とは異なる別のもので、倫理的問題はない方法）の開眼手術を受けたマイク・メイという男性の事例を中心に紹介している。盲目時代には何も不自由なく幸せな人生を生きていたが、医師からの提案で視力回復手術を受術した。開眼受術前には光覚さえ喪失するかも知れないという手術の危険性への葛藤、受術後の視覚活用の困難さとその経過が紹介されている。受術後、視力を得た瞬間は光と色の洪水が四方八方から押し寄せた。しかし意味不明の色のモザイクにしか見えず、そのうちに触って形が認識できるとやっと理解できたという。受術後でも、視覚の力だけでは理解できず、盲目時代から依存してきた触覚の力が必要であった。この事例は爆発事故に遭遇した 3 歳までは正常な視覚を有しており、先天性でなく後天性の全盲であったとしても盲目期間が長期に及ぶと先天性の盲人の開眼手術後と類似した経緯をたどることを示している。

　マイク・メイにとって人間の顔の識別が困難であり、男女の識別は難しかった。妻とともに街に出て通りを行き交う通行人を対象に男女識別の実験をする場面がある。装飾品の有無で女性か否かを識別していた。その他、3 次元立方体を 2 次元平面に描いた線画（図 23：すべての稜線を描いたネッカーキューブ）を平面としてしか把握できず、奥行き感をもてなかったが、「ポイントライト・ウォーカー」（関節部位に小電球をつけ暗闇の中を歩いた人間を撮影した映像の知覚）では性別まで正解できたという。

　また、図 24 の 2 つのテーブルの上面の大きさ（方向は異なるが物理的には形と大きさは同一）を能動的触知覚では同一と正しく判断できた（視覚では一般に異なると判断されることが多い）。ところが、図 25 の視覚的遠近法による回廊錯視では、視覚的に正常な人と同じように、彼は奥の人物の方が大きいと判断した。彼は自分の肉眼で回廊錯視を体験できたのである。

　受術により末梢神経系の視覚系としては異常ではなく正常になったが、43年間視力を失っていた中枢の脳の視覚皮質が見ることに慣れるまでにその後かなりの時間と訓練を必要としたのである。知的で人生に前向きなマイク・メイの場合、開眼手術後も、まず「手触り」→「色」→「文脈と予測」→「触覚以外（香り、音など）の感覚」という順（訳書，p.314）を手掛かりにしたという。

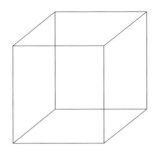

図23 「ネッカーキューブ」模様の線画を挿入

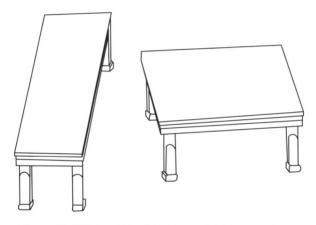

図24 視覚で錯覚となるが触覚では同一の大きさに知覚する例
（Kurson, 2007; 池村訳, 2009, p.346 より）

「視覚を取り戻した人たちは深刻な鬱状態に落ち込む」ことや「アイデンティティの問題」もあるという。意識しないでは対象を見られない可能性が大きく、「一つひとつ意識的にやらなければならないので疲れる」ということは、これまで報告されてきた事例とも一致する。

この知覚方略はヘルムホルツ（von Helmholtz, H.）やグレゴリー（Gregory, R. L.）の知覚論で説明できる。すなわち「人間はものを見るうえで知識に大きく依存している…グレゴリーの言葉を借りれば、知識の助けがないと、目の網膜に映る像は『ぼんやりした亡霊』でしかない」のである。晴眼者は知識や概

図 25　遠近法による大きさの錯覚（Kurson, 2007；池村訳, 2009, P.127 より）

念からトップダウン的・概念駆動的に無意識に対象を知覚判断するので疲れることはないのである。ここでヘルムホルツやグレゴリーが言う「知識」とは、「百科事典に載っているような知識のことではない。世界とそこに存在する物体に関する事前の知識のことだ。そういう『知識』が脳内に深く根を下ろしているので、目を通してひっきりなしに流入してくる視覚的データに対して私たちは瞬間的・自動的・無意識的にその知識を当てはめることができる」のである。しかし開眼手術受術直後はすでに触覚を通した知識はもっていても、開眼手術受術直後はまだ内面的な知識と視覚経路を通しての連携はとれていない段階といえる。そのためにこのような困難さが生じるのである。

　ちなみにヘルムホルツやグレゴリーの知覚者側の知識を重視する知覚論に対して、ギブソンらはボトムアップ的・データ駆動的に推論知覚される対象側の性質を重視している。それはアフォーダンス（affordance: "afford"「与える」の名詞形）の考え方へと導かれる。本書でも他の章（第9章, p.84）で述べる。

　事例の紹介に戻ると、これらの困難を乗り超えられた背景には、マイク・メイの生活が4か条「1 冒険する」「2 好奇心を大切にする」「3 転んだり、道に迷ったりすることを恐れない」「4 道はかならず開ける」という、前向きで積極的な信念に支えられていたことが大きな要因と思われる。

　カーソン（Kurson, 2007; 池村訳, 2009）は、ジョン・ロックが扱った「モリヌークスの疑問（先天盲開眼手術直後の球と立方体の視覚による識別は如何

に？）」に言及し、通常は見わけられないところを、マイク・メイは「私は最初から、立方体と球体の見わけがつきましたよ」と答えたとしている。研究者のファインはマイク・メイには３歳まで視覚があり先天性の全盲ではないことが影響していると分析している。しかし、「輪郭を手掛かりにできるが、顔の識別や奥行き知覚は難しい」ことなど困難な場面が述べられている。カーソンは、グレゴリーが論文で扱ったブラッドフォードの症例（ツェルナー錯視、ポゲンドルフ錯視、ネッカーの立方体、遠近法による錯視などを実験）やゼンデンの著作についても簡潔に紹介している。このようにカーソンの報告では、先行研究の概略も紹介されている。

【応用編】

第5章　触覚が教育に及ぼす影響

1. 手や皮膚感覚による感性教育の歴史

　教育上の重要課題として手の訓練を取り上げたのは、チェコスロバキアのコメニウス（Comenius: 1592-1670）である（橘，1976）。コメニウスは『大教授学』『世界図絵』などを著し教授学や教育方法学の祖とされる。言語主義や概念主義よりも、「創造するために手をはたらかすことを、まず学ばなければならない」（橘，1976, p.156）。イギリスの経験主義哲学者、ロック（Locke, J.: 1632-1704）は、人間の誕生時を白紙の状態（タブラ・ラサ: tabula rasa）とした。彼は「当時の貴族生活の危機をふせぐ手段として手の訓練をといた」（同、p.157）。当時の具体的な手の訓練・活動内容として、庭作り、木工、硝子切り、金属磨き、石材彫などを挙げている。その後、「コメニウスの流れを汲んで手技の教育的意義を強調したのは、いうまでもなくルソーであった」（同，p.157）。

　ルソー（Rousseau, J.-J.: 1712-1778）はその著、教育的小説『エミール』（1762；今野訳，1964）において、感覚は知識の入り口であり、五感教育を、中でも触覚を重視している。そのうえで、「子どもは物体の熱さ、冷たさ、固さ、柔らかさ、重さ、軽さを感じることを学び、それらの大きさ、形、そしてあらゆる感覚的な性質を判断することを学ぶのだ。さわったり、聞いたりして、とくに視覚を触覚とくらべ、指で感じる感覚を目ではかることによって、学ぶのだ」（訳書，p.75）。「触覚はすべての感官のなかでわたしたちがいちばんひんぱんにもちいているものだとしても、…ほかのどの感覚よりも不完全で粗雑なものとなっている。…同時に視覚をもちいるので、目は手よりもはやく対象をとらえ、精神はたいていのばあい手をまたずに判断を行うからだ。そのかわり、触覚による判断はもっと確実である」（同訳書，p.229）と述べている。

　橘（1976）によると、ペスタロッチ（Pestalozzi, J. H.: 1746-1827）は、その

名著『いかにしてゲルトルードはその子どもを教えるか』において、「勤労させることによって、そして手をはたらかせることによって、どれだけ理解力がつけられ、心の感じ方にどれだけ逞しさがあたえられるか。またどれだけ生の能力に致命的な障害をあたえる理性の弛緩から子どもを守ってくれるか、計り知れないものがある」(p.159) と記述している。

　以上は、生活のための仕事を得る手段として手を訓練する必要があること、そして触覚による感性教育の大切さを説いている古典である。感性教育の適切な時期として、子ども時代（とくに幼児期）が重要であることを唱えている。

2.　モンテッソーリ教育と幼児教育

　イタリアで最初の女医となったモンテッソーリ (Montessori, M.: 1870-1952) は、子どもが自ら発達しようとする力を、独自の環境と感覚教育で最大限に発揮させるとして「モンテッソーリ教育」を提唱している。彼女はこの教育方法を当時の貧困層のための保育施設「子どもの家」(2007 年時で、設立100 周年になる) で実践した。そこでは幼児期における感覚教育として、視覚だけでなく、触覚、味覚、嗅覚が重視され、特に指先の皮膚感度により布地の認知や識別などによる繊細な感覚訓練が情操教育にもつながるとしている。彼女はドイツに世界初の幼稚園を設置したフレーベルが感覚と秩序の学習の遊具として考案した「フレーベルの恩物」(立方体の大小の序列化など) や彼の考え方を生かしている。モンテッソーリ教育法では、「感覚を発達させるのに相応しい独自の感覚教具を作成し、いわゆるモンテッソーリ教具として、今日もなお影響を与えている」。とりわけ触覚を重視し、「幼児の触覚は、極めて鋭敏で、視覚の弱さを補って事物を正確に把握することに大切な役割を果たす。触覚を訓練する教具として、羅紗、麻布、ビロードなど、肌ざわりの異なる布地 10 種類を用意し、これを目隠しして指で触り、その種類を正確に言わせるものを作るなどした。このほか、直径の大小・重さの大小・色彩の深浅・形の混同など弁別することができる教具、嗅覚・聴覚を訓練する教具を作成した」(岡田・児玉・藤田・阿部, 1974)。このようにモンテッソーリの感覚教育は、いろいろな生地の布を識別させる能力を育てるなど、指先の敏感さや繊細な感

性や感受性など幼児の情操を育てることを目的としている。

彼女の教育法は、現在、再び脚光を浴びている。たとえば「米国ではイタリアの医師マリア・モンテッソーリ氏が考えた教育法が見直されている。グーグル創業者のラリー・ベイジ、セルゲイ・プリン両氏やアマゾン創業者のジェフ・ベゾス氏らが受けた教育だからである。モンテッソーリ教育は自発的な学習や自由な環境を重視する。我らが『詰め込み教育』の対極にある」（日本経済新聞，2015年9月7日，平田育夫氏による記事『核心』―人工知能の時代に何を学ぶ―）として取り上げられるなど、今日ではモンテッソーリ教育が再評価されている。また、英国ウィリアム王子夫妻の長男ジョージ王子は、英国東部のモンテッソーリ保育園に通園している（日本経済新聞，2016年1月7日夕刊記事）という報道もあった。

このようにモンテッソーリ教育は幼児期の教育方法として、五感のなかでも触覚を重視した感性教育の方法として、再び注目を集めている。

木製の積み木などを用いて五感を育てる、木育ということばがある。木製で手作りの玩具による、手触り、木の香り、木目の美しさ、木の音などの感覚教育である。これを敷衍して言えば、海や山など自然の中で五感の育成が行えるということで、直接に自然とふれあう大切さを示しているといえよう。ドイツの地方都市には木製玩具を中心に製造している企業があるほどだ。

現象心理学の立場からは、カッツの著作 "Der Aufbau der Tastwelt"『触覚の世界』（Katz, 1924; 東山・岩切訳，2003）では、「触覚と教育」と「触覚と心理検査」の項が設けられている。教育では、ルソーの「エミール」やフレーベルの「恩物」やモンテッソーリの「感覚教育」も紹介されている。幼児期に多様な対象の触覚的識別により、環境の秩序を知ることや情操の教育を目指す教育方法が含まれている。心理検査としては、紙ヤスリの肌理の細かさの識別、平面と凹凸面の再認、厚さの識別などが紹介されている。

手の器用さは脳の発達と関連があるといわれている。我が国には箸や鉛筆の持ち方一つとっても、手取り足取り幾度となく定着するまで親が教える文化がある。両親や祖父母の愛情の下で身についた手による生活技術は、身と立ち居振る舞いを美しく見せる躾の一つといえるだろう。

語学や専門の勉強をする時に教科書や情報源に対して注意を集中させる。そ

の際にはおもに視覚や聴覚を介してである。しかし知識を脳に確実に刻み込むには、ただ黙読（視覚）やリスニングや音読（聴覚）だけよりも、同時に筆記用具を手に持って行う筆写（皮膚・筋運動感覚）も加えたほうが効率的な学習方法と考えられる（第3章，p.39：田﨑，1989）。京都大学霊長類学研究所の松沢哲郎教授のグループはチンパンジー（アイとその子アユムの例など）が画面上の図形を分類する認知能力の実験から、「手の器用さと認知能力には大きな関係がある。頭がよくなるために重要だ」（朝日新聞，2008年6月2日付記事）。我々の周辺環境の中で意外に気づかれないのが触覚の経験である。目で見るだけで立体的な3次元を感じられるのも、触覚が視覚情報の解釈法を育ててきたからである。

3. 日常意識されない触覚の意識化

　長い引用となるが、以下作家・山下柚実氏はご自身のカカオの実に関した経験、すなわち知ってはいるのに、触ったり重さを感じたり形を探ったりしていないことは案外多いことを挙げた講演から紹介しよう。「実は私自身、『五感』や『感覚』を主題に取材・執筆してきたこともあり、時々講演に呼ばれたりする。その時に心がけているのは、一方的に話をして終えるのではなく、聴衆の皆さんに少しでもご自身の五感を使っていただく機会を作ることだ。仕掛けも準備する。時には会場に匂いをまいたり、音を響かせたり。その中で、必ず体験していただくメニューがある。袋の中に『何か』を入れ、視覚を遮断した状態で触ってもらうメソッド『見えない袋』だ。触覚だけで固さや軟らかさ、輪郭や大きさを実感してもらう。そうすれば、指先がいかに優れたセンサーなのか実感できるからだ。ある有名私立小学校の六年生の授業で、この『見えない袋』を実施した時のこと。袋の中にはクルミの実を二つ入れておいた。エリートを輩出している小学校の優秀な生徒たちはどんな反応をしたと思いますか？指で触るだけで、どれくらいの子どもが『クルミ』だとわかるか。もちろん、クルミについての知識もあり、クルミのかけらが入ったお菓子も食べたこともある子どもたちだ。『クルミ』と答えた子は、約半数。あとの半数は、わからないと言った。当然のことだが、触った経験がなければ、触っただけでそれが

何なのかはわからない。私がカカオの実を知らなかったのと同じように。果たして私たちの知識は、どれだけ本当の『何か』に触れているのだろうか」（日本経済新聞，2014 年 2 月 13 日付記事）と問いかけている。

　この「見えない袋」の話は日常生活における知識とその実物とのあり方について問題提起している。触れた経験があってはじめて、本当の知識になるのである。「見えない袋」のような状況下で何か対象に触れるとき、われわれは構えて手の感触に注意を集中させ、能動的・探索的状況下にある。一般に能動的・探索的認知は、手の運動を伴わない受身的・静的な認知よりも、対象についての本質などの新たな発見や表現法の発見に至ることが多い。したがって、もっと多く能動的に構えた状況下で意識的に触れる機会をもつことで日常生活を充実させる機会を得ることになるかもしれない。

　森林浴では、道が土や落ち葉の柔らかさが足や膝に優しく、心まで癒すことになる。子どもたちは、粘土質の柔らかい場所を好んで、そこで遊ぶ。そこが危険で禁止されている場所であってもである。コンクリートで固められた児童公園の小さな丘は維持管理は容易でも、幼児が一度でもつまずけば膝の皮膚を擦り怪我しやすく、冬は冷たくむしろ危険な場所だと子どもたちは知っている。他方で、やわらかな粘土質や落葉樹の落ち葉のある土の上は、服が泥まみれになり洗濯で母親の仕事が増えるが、子どもの心と体は健康で逞しくなるのである。

　俳句や詩でも五感による鋭く深い観察力が前提であろう。視・聴・触・味・嗅のうちどの感覚様相を介した創作が多いのだろうか。「現在の自分にとって自分が受けた教育の中で何が一番影響しているか」との質問に、ある著名な自然科学者は小学校時代の担任の先生が毎週宿題として児童たちに課した俳句創作課題を挙げて回想している。自然観察は、触覚も含めて、表現力や五感を洗練させる。同時に、自然現象への知的好奇心など、学問や学習への内発的動機づけになったという例である。スマホゲームなどの仮想現実（virtual reality）の遊びでよりも、現実での五感をフルに活用したほうが人間を力強く逞しく育てるように思われる。

第6章　触覚が感情に及ぼす影響

1.　触覚・皮膚接触と情緒・感情

　マザリング（mothering）とは「母親を含む育児者と新生児・乳児との関係で主として皮膚接触を通して愛情のこもった、より深い情緒的結合を得ること」（田﨑，1986）である。皮膚接触や語りかけなど母親らしい接し方をいう。触覚は、他の感覚様相に比べて近接知覚であるために、生命に直接かかわる機能よりも、むしろその危険を知らせる機能であると言ってよい。また、視覚や聴覚と比較して、触覚は感覚情報の許容限度の点で制約が大きい反面、感情との相互関係が強い感覚様相である。先述（第2章）のように、皮膚への同じ機械的刺激でも神経伝達経路は認知と感情では経路が異なる。機械刺激の触受容器のうちでも、識別性触覚にはAβ線維が、情動性触覚（社会的触覚）の伝達路としてC繊維が関係しており、触覚における認知と感情は生理学上の差異があることが証明されつつある。今後は、これらの生理学的差異と心理学的現象のとの対応関係を確認していくための系統だった研究が必要と思われる。

　モンタギュー（Montagu, 1971; 佐藤・佐藤訳，1977）は、皮膚が「身体のなかで最大の器官」であり脳に次いで重要で「感覚の母」としている。脳の中では触覚の領域（感覚・運動ともに）は広い（p.15，図7参照）。「人間にとって触覚刺激は、情緒あるいは情愛関係の健全な発達のために、基本的であるように思われる」。皮膚接触やスキンシップの重要性を唱えたことで有名なハーロウの言葉を借りれば「子どもが母親に親密に接触することによって、多くの一般的な愛情の反応様式が学習によって形成される」、「手による愛撫は、人類の子どもにとって、他の哺乳類の子どもがなめてもらうのと同様、非常に重要な形の体験である」、「しつけその他の理由で、幼児を打つと、皮膚が、快感ではなく、苦痛の器官となってしまう」（訳書，p.178）ということになる。愛情のある親身な世話や皮膚接触刺激は子どもの身体や行動の健康な発達にとって、

もっとも重要である。いろいろな民族文化と皮膚接触との関係が論じられている。たとえばモンタギューは、共寝と共同入浴についての日米比較研究を引用し「アメリカの母親は幼児と口頭による相互作用をずっと多くつづけ、さらに子どもを身体的行動と探索へとより強く刺激する。逆に日本の母親は、幼児と多くの身体接触を持ち、それが身体的な鎮静と環境についての受動性へと子どもを誘うのである。さらにこれらの行動型は、子どもが成人するにつれ、二つの文化の中でのその後の行動に対する異なった期待の線にそっている」としている。モンタギューは、その著の巻末で、「皮膚経験の重要性は、特に人間の発達における言葉を話さない段階では、実際、強調され過ぎるはずはない。このメッセージを伝えることが、本書の使命なのである」と終えているほど、発達初期における母子間の皮膚接触の重要性を唱えている。

　生後19か月で視覚と聴覚を失い盲聾唖の三重苦となったヘレン・ケラーが、サリバン女史の指導と支援の結果、皮膚感覚を通した外界の感覚・知覚・認知によって、自己を混沌の世界から脱出させることができ、安定した秩序のある内的世界と繊細な感情を獲得したことはよく知られている。その後、彼女は社会に大きく貢献し、我が国の障がい児教育にも多大な影響を与えたのである。

　マグローンら（McGlone et al., 2014）によると、手の甲側に感情の神経経路が分布している（第2章，pp.19-22）。誕生直後や乳時の母子の接触を断つと、生理学的・神経心理学的基盤は破壊されてしまい、精神的に不安定を生じさせる。母子間での養育的・親和的動機の接触は自然な報酬となり、出生直後やその後の正常発達に促進的な影響を及ぼすという。親和的動機が高い養育態度の文化の人々が成人した時に攻撃行動が少ないことを示している。

　脳の体性感覚野（皮膚感覚・触覚など）に神経インパルスが送られないと神経相互の接点となるシナプス結合が形成されなくなる。これは正常な視覚発達に初期の視覚刺激のインパルスが必要であるのと類似している。体性感覚の正常な発達には、乳幼児期の皮膚刺激が欠かせないのである。そして乳幼児期にはあんなに触れ合っていた母子が、その後は思春期を前に次第に遠ざかる一方になっていく。

　乳幼児期に限らず、成人しても母子間の皮膚接触は必要な時がある。母親による成人への皮膚接触やスキンシップの例である。著名な脳科学者テイラー博

士自身が脳卒中になり受術後の復活の様子がテレビで放映されたことがある。博士の母親（数学者）は、脳卒中になった娘を、ベッドの上でまるで赤ん坊を抱きしめるようにしっかりと抱きしめつつ看病していた。博士本人の強い回復力とともに、愛情ある母親からの皮膚接触が術後の回復を早めたことが十分に考えられる。テイラー博士はそのおかげで残された脳機能を活かした生活を取り戻したのである。このように成人になっても乳幼児期と同様の皮膚接触が治療効果を発揮する時があるものと考えられる。また今日では高齢者の介護場面における促進的タッチ（touch）や、ストレスへの対応として手によるタッチケアの効用が唱えられている。手の甲側への接触が効果的かもしれない。

2. 触覚による精神療法

世の中には多くの心理療法が存在するが、触覚を介したものがある。未熟児へのマッサージでは、マッサージを受けた方が受けなかった方よりも 47% の体重増加をさせるといわれている。肌への刺激を健康に生かす方法に「タッチセラピー」がある。「肌へのマッサージを受けた未熟児は、受けなかった未熟児より早く運動機能や環境適応能力が発達したという報告がある。ホスピスの患者の血圧や心拍数、妊婦のストレスなどに好影響を与えたという研究」（朝日新聞，2009 年 1 月 18 日「元気のひけつ」）が報道された。触覚の感情的側面への機能を活用した心理療法が他にも開発されつつある。

「触れたい、触れられたい、という欲求は『人間の一番基本的な本能』だ。なのに、現代社会は他人との肌の触れ合いが減る傾向にある。例えば幼い子どもを抱きしめようとしない母親が増えた。セックスレス夫婦も増えているといわれる」（荘厳舜哉氏）、「人間関係で満たされない思いが、マッサージサロンに足を向けさせているのではないか」（渋谷昌三氏）、「きめこまかな日本語を知らない人が増えた点に注目し、『言葉で表現できないもどかしさ、相手に分かってもらえない孤独感。肌の触れ合いはそうした心の隙間を補っているようだ』」（柴垣哲夫氏）（いずれも，朝日新聞，1995 年 1 月 14 日夕刊「五感探検.10」）などといった見解がある。これらも心理療法における触覚の意義に類似した効果として考えられる。

70　第 6 章　触覚が感情に及ぼす影響

　タッチセラピーとして、フィールド（Field, 2001; 佐久間訳, 2008）は、タッチスキンケア（ボディブラシなどによる抑うつからの回復効果）、タッチ器具（各種マッサージ器）、タッチスポーツ（人、空気、水、自然などとの各種刺激）、タッチダンス（フォークダンスほか各種ダンス）、タッチ遊び（目隠しで誰かを当てるゲーム、誰がマッサージをしているか当てるゲーム、人間マッサージ列車）、集団タッチエクササイズなどを紹介している。

　同じく、フィールド（2001; 佐久間訳, 2008）によると、注意欠陥多動性障がい（attention-deficit hyper-activity disorder: ADHD）へ 1 日 30 分のマッサージセラピーもしくはリラクセーションセラピーを 10 日間行うと、落ち着きのなさが改善され、多動行動問題尺度の点数が低下したという。さらにマッサージブレイクにはストレス解消の効果があり、自閉症児はタッチに敏感でタッチを嫌がるがマッサージされることが大好きで結果として逸脱行動が減少したこと、抑うつや不安の緩和効果、心的外傷後ストレス障害（post traumatic stress disorder: PTSD）に対するリラックス効果、その他、種々の痛み緩和効果があるとされている。

　なぜマッサージ効果があるのか。その説明にゲート説がある。それによると「圧や冷刺激を伝える神経機構よりも痛みを伝える神経線維の方が短く…脳は、痛みの刺激よりも前に、圧刺激や冷刺激を受け取り…脳への進路にあるゲートが閉じて、後から痛みの刺激を締め出す」という。もう一つの説は、「マッサージによる痛みの緩和は、回復をもたらす深い睡眠による効果だ…マッサージを受けた患者は静かな深い睡眠に落ちて痛みが和らぐ」（同訳書, p.122）など、いろいろ諸説あるが、現時点ではマッサージ効果の統一的な理論的解明には至っていないようである。

　ところで、筆者は最近、家電製品購入の景品として、手の平に収まる大きさのボール状のクッションのような柔らかい玩具を入手する機会があり研究室に置いている。手の平で包んで絞るように力を入れて握りしめることと手の平を開くように力を緩めることで、柔らかい感触を楽しむ玩具である。学生に確認するとこの種の玩具の存在をすでに知っていた。こういった柔らかい感触がストレス解消に役立つのであろう。柔らかい皮膚接触の代償となっているのかもしれない。

第7章　触覚と視覚障がい

1．触覚と点字

　視覚障がいの人が触覚により読み書きする文字として点字がある。広瀬・嶺重（2012）には点字一覧表がある。点字は縦3点、横2点の、縦横3×2の6点での表記法である。筆者が触覚研究を開始した当時に、調査に参加協力してくれた盲学校高等部の視覚障がい者は、点字の読み取りの容易さにその日の温度や湿度などが関係していることを教えてくれた。

　「点字つきの絵本」は市販されているが数が少ない。盲学校や点字図書館にはボランティアによる点字訳（点訳）の本が常備されている。「どの子も読んで育ったようなロングセラー絵本こそ、見えない子どもにも届けたい」（朝日新聞，2009年6月24日記事，こぐま社編集長関谷裕子氏）と点字訳本の需要は多くなっている。

　広瀬・嶺重（2012）の『さわっておどろく！点字・点図がひらく世界』は、晴眼者も点字が体験できるように工夫された良書である。「触覚に依拠して生活している人を『触常者』」とし、「触常者に対し、視覚に依拠して生活する人を…『見常者』」との独自の呼称を用いている。見常者は、「さわる」といいながら、じつは目で見たものを触覚で「確かめて」いるに過ぎない。触覚でできて視覚でできないことは何か。彼らは、堅さ、柔らかさ、質感（すべすべしている、ざらざらしている）、温度、重さを挙げ、これらは見ていてもわかるが、実感するためには触らないとわからないとしている。

　直接に手で触ることができる立体作品展が美術館などで開催されることがある。福島智東京大学教授は「盲ろう者は直接触れることで初めて、気持ちが通うコミュニケーションができる」（朝日新聞，2011年1月27日夕刊）。立体的な彫刻の場合、晴眼者でも触ることではじめて作品の力強さや力動感を鑑賞できると思われる。ただし、通常は展示作品に触ることができるかどうかは主催

者への確認が必要である。広瀬・嶺重（2012）は触れることが目的の展示会における、触るマナー「かきくけこ」を紹介している。すなわち、「軽くさわる」「気をつけてさわる」「繰り返しさわる」「懸命にさわる」「壊さないでさわる」である。また、中に鈴を入れたボールを用いるブラインドサッカーを紹介している。「触わることの大切さというか、目で見るだけでは得られない情報がある…目が見える人と同様のことができるというのでなく、見えないからこそ気づく『逆説の真実』」を唱えている。その他、点図の作り方と、点図による天文学教育の可能性が実際的・専門的に記述されている。触覚による知覚者のための表現の工夫が示されているので一読をお勧めしたい。

2. 触空間の知覚と表現

空間知覚の表現例として、たとえばローウェンフェルド（Lowenfeld, 1957; 竹内・堀内・武井訳, 1963）は、2つの自己像（図26）を示している。視覚的イメージを有しない先天性視覚障がい者のなかでも、視覚型（印象派的：図26左）の人は「表現が全体の概念からはじめて、細部に及ぼしていくのに困難」（p.567）であり、触覚型（表現派的：図26右）の人は「細部にわたって考え、その考えを全体に統合するのに困難」（同）としている。ローウェンフェルドは、これらを塑像の制作過程を通して紹介している（pp.559-567）。

これら2つの表現の型は先述の皮膚感度2点閾（細部）が敏感でもパターン認知（全体）は成績が良くないケースやその逆のケース（「第3章 3. 皮膚感度2点閾」p.31）がみられた事例の解釈に手がかりを与えてくれるように思われる。

したがって、ゼンデン（Senden, 1932; 鳥居・望月訳, 2009）が、先天性盲には視覚空間のような全体的な空間概念がないと主張しても、それは空間の範囲が大きい場合（たとえば、歩行空間）に限定される場合に適用可能な考え方かもしれない。すなわち両手でおおわれる範囲の空間であれば触覚空間でも視覚空間に近い空間表象をもつことが可能ではないかと思われる。

日本点字図書館理事長の田中徹二氏は、「都市に住む盲人で単独歩行をしている人の半数以上が、電車ホームからの転落を経験しているという。たまたま電車が来なかったので助かっているにすぎない」、「電車ホームの線路近くに点

2. 触空間の知覚と表現　73

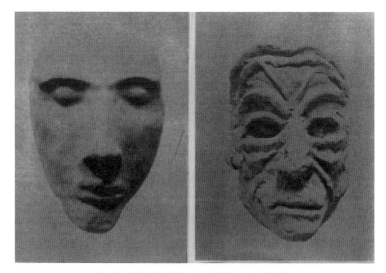

図 26　塑像写真 2 枚　左：印象派　右：表現派
(Lowenfeld, 1957; 竹内・堀内・武井訳. 1963 より)

字ブロックが敷設されるようになった。今では黄色の点字ブロックがない駅は見かけない」、「10 年近く前に鉄道総合技術研究所が従来のブロックに 1 本の線を加えたものを、盲人の実験を基に開発した。線の方をホームの内側にして敷設すると、ブロックを挟んで、どちらがホームの内側であるかわかるので、線を確認して歩けば安心できる。しかし、そのブロックが敷設されている駅は多くない」（朝日新聞，2011 年 1 月 20 日「私の視点　盲人のホーム転落」）。この種の事故のニュースは（本書執筆時の現在でも）後を絶たなく、駅ホームの点字ブロックは線路への視覚障がい者が転落することを防止するために欠かせない設備である。駅ホームで何気なく見ていたあの黄色い点字ブロックにもいろいろな意味を付加した改良が施されているのである。また移動や広い空間の知覚の例では、白杖（はくじょう）が挙げられる。視覚障がい者にとって白杖で路面を軽くたたくことによりその反響音から歩行空間前面にある空間の広がりを推測し、推測し、白杖を握っている手から伝わってくる触感から障害物などを感知できる。以上のように、視覚障がい者は、視覚情報の不足・欠如を補うために、触覚や聴覚が鋭敏になり、触覚や聴覚を効果的に活用している。たとえばそんな

場面を描いた昔の映画で、オードリー・ヘップバーン主演の『暗くなるまで待って』も参考になるであろう。盲目の主人公は、侵入者と互角に戦うには暗い方が自分に有利と考え、部屋の明かりを自ら壊した後、音などを手掛かりに対抗する場面があった。

　なお、視覚障がい者による手の平大の立体（3次元）空間と平面（2次元）空間の知覚についてと表現については本書第4章（pp.52-53）を参照していただきたい。

第8章　触覚が健康（医療・介護）に及ぼす影響

1. 触診の意味と重要性

　カッツ（Katz, 1952; 東山・岩切訳, 2003）は「ハルトマンは…（内科医は）『よく考えて触診し、触診しながら考えなければならない』…『臓器の上に指先をすべらせたり、あるいは臓器が指先を通りすぎたりするその動きの瞬間に、触感覚の精度がかなり高まる』」（p.82）とのハルトマンの説を紹介し、触診の技術の大切さを唱えている。また、「5指で触るほうが、1指で触るよりもずっと有利」（p.94）という説は、今日、我々が手首で脈拍を測る際、人指し指1本だけでよりも2本か3本の指でのほうが拍動を明瞭に把握できることで実感的に体験できる。このほかにも触診が日常的な健康管理に役立つことは多い。ここでは、触れることが診断や健康に及ぼす効果を、いくつかの実例から考えてみたい。

　医学的な検査機器が発達した現在でも、医師にとって患者への触診は重要である。熟練した医師ほど診断の際に患者のいろいろな身体部位や方向の念入りな触診を駆使している。繰り返しになるが、カッツは「医師にとっては、他のいかなる医学検査よりも、打診、触診、マッサージの方が、人体内部の状況についてより多くの情報を与えてくれることがよくある」（Katz, 1936; Gibson, 1966, p.129）と，医療において触れることの大切さを説いている。

　医師である熊倉功夫氏は、「医者が自分の目や耳や、指で触れた感覚で病状を診ようとする意志をはじめから捨てて、検査結果の数値とか映像にあまりにも頼り過ぎていないか。しかし、触れてみればわかることも少なくない。私は患者の立場でそう実感した」と述べ、医者が患者に触れていない実状を指摘している。さらに「スキンシップは幼児期の成長過程で重要であるように、手当という言葉通り、痛いところに手を当て苦しいところをさするように、手で触れることは人間にとってとても大切なことである。医師と患者の信頼関係から

いってもまず手を当てることをお願いしたい。コンピュータの画面から患者の顔の方へ目を向けてほしい。そう思うのは私だけだろうか」、「今、医師のみならず肉体の接触がタブー化している。節度は必要だけど、触れることの大切さは忘れるわけにいかない」（日本経済新聞，2014年5月13日夕刊「あすの話題」）とし、医師の診断の在り方の難しさを呈したうえで打診や触診の重要性を再喚起している。

　上島清介氏（ヤマハ会長）は、触診にこだわる医師がなぜ触診を重要視するのかの理由として、患者とのコミュニケーションによって「手当て」と「触診による見立て」を挙げている。現代医学は検査データ偏重主義があり、「多くの分野で、五感を大切にするマネジメントが必要になってくると思う」（日本経済新聞，1999年3月11日夕刊）と五感の大切さを示唆している。

　さらに助産士の神谷整子さんは「妊婦さんのお腹を触れるとお腹の中の赤ん坊の様子がわかる、まるで指先が目になったかのように、妊婦さんの様子がわかる」（NHK，2007年8月28日（火曜日），午後10時放送「プロフェッショナル」―名助産婦・命のドラマ―から）と、正に手の熟練者である。

　岡井隆氏は科学的なものの見方と触れることの重要性とのつながりを次のように述べる。「剖検医の資格をとり数十体の病理解剖をした時も同じである。自分の目で見て手で触れた実物の感覚を信じる。そこからなぜこうなったのか、その原因を探る。患者を診るのでも顔色、声音、歩行、触診などの実感が大切で、苦手の数字（検査結果）は二の次である。一箇の取り出された脳髄を前にして何時間でも観察と思考をくりかえす病理解剖学者から深く学んだ方法を及ばずながら自分でも真似て来たのである。むろん背後にはギリシャ以来積み重ねられた観察と科学的思考があるので私はそれを尊重するが、まずは自分の感覚を信ずる。この思考法は一篇の近代詩、たとえば木下杢太郎の詩や斉藤茂吉の歌を分析するときにも応用される。その詩を一行一行細かに読み構造（意味と韻律）を考える。彼らの日記や年譜や手紙や交友などを調べて、詩の分析結果と合わせてみる。自分の感じとったものが第一であり、そこから因果を考える。なぜこの詩はこうなったのか、と。単純だが強い科学への信頼である『一箇の心臓として君を見る　脈打つ音は愛のとどろき』」（朝日新聞，2009年7月16日夕刊「『文化』私の収穫　素朴な科学的思考」）と述べ、病理解剖学

者も見て、触れた実物の感覚を重視していることが紹介されている。

2. 触覚による脳の活性化：予防とリハビリ

　手は「外部の脳」「第2の脳」とよばれ、「手や指先の動きは、言語や思考といった脳の高次機能を担う大脳皮質に影響を与えている」（日本経済新聞、2005年11月13日付記事、「指体操で脳刺激」）といわれている。「足し算指曲げ」、「親指グーパー」、「指先合わせ」などの指先体操により脳に刺激が伝わり、大脳活性化、さらには認知症予防の効果が期待できると紹介されている（日本経済新聞，2015年1月25日記事）。

　「指先合わせ」（図27）では、「親指と人差し指を合わせる」→「親指と中指」→「親指と薬指」のように順番に変えていく。「手足のグーパー」（図28）では、「椅子に座り両手を握る。同時にかかとをつけたまま足の先を床から少し上げ足の指先に力を入れてしっかり握る」→「両手の指先を開く。同時に足の裏を床に戻す」。久保田競氏は「単に反復するのではなく、指の動きを頭の中で描きながら動かしていくと、脳への刺激になる」と指摘している。指体操

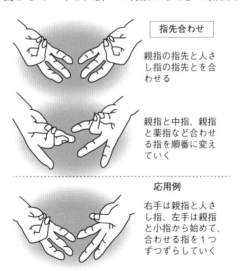

図27　「**指先合わせ**」（日本経済新聞，2005年11月13日付掲載記事より）

図28 「手足のグーパー」運動（日本経済新聞，2005年11月13日付掲載記事より）

により脳を刺激し活性化することで、認知症予防や脳梗塞の発症予防に役立つという。拇指対向性（親指が他の指と向かい合うこと：香原，1980）により、対象を掴み・把握できる。「把握する」（手の動き）の意味は「理解する」（脳の活動）の意味でも使用され、手と脳の類似性を示唆している。

実際の運動を伴わなくてもこの種の運動のイメージだけでも脳波には実際に運動した時と類似した波形が生じる。このイメージングの効果は、ERP（event-related potential：事象関連電位）を用いた研究で確認できる。筆者（田﨑，2006）はアルファベットの大文字"L"を、右手を実際に動かして描いた場合と動かすことをイメージしただけの場合の2つの実験状況についてP300（認知機能の目安として用いられ、刺激入力から300 ms辺りで出現する陽性脳波を平均加算されたもの）を比較したところ、反応時間と振幅において両条件間で類似した結果を得た。脳はイメージしただけでも、実際の指先運動の場合と類似した脳のはたらきを生じさせていることを示している。

栗原健太氏は「『つかむ』『握る』といった複雑な動きができる手は"第二の

2. 触覚による脳の活性化：予防とリハビリ　79

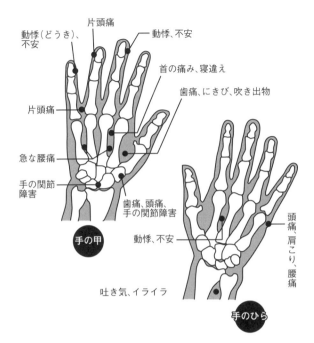

図 29　手のツボと効くとされる症状
(日本経済新聞，2011 年 11 月 19 日掲載を一部改変)

脳"と呼ばれるという。たくさんの神経が脳とつながり、人間の体の中でも細かな骨が詰まっている部位。ちょっとした刺激にも敏感で、刺激が脳や他の筋肉に伝わりやすい。そんな手のマッサージや指圧のコツを知っておけば、日々の体調管理に役立つかもしれない」。その例として「眠気を覚ましたいとき」には「指先をギュッとつまむ」、「親指と人差し指の付け根を強く押す」、「手の冷えを改善したいとき」には「指一本一本を順番に反らさせる」、「手のツボと効くとされる症状」(図29)(日本経済新聞, 2011 年 11 月 19 日記事「手のマッサージで体調管理」)など、日常生活で実際に利用できる手の方法である。

　久保田(1983)は、ピアノの練習ではまず指先を使うことから、姿勢よくするための体力を要し、結果として老化を防止するとしている。さらに「手の運動に順序がある場合、…つぎつぎと違った運動を、あらかじめきめられた順序で行う場合…、ピアノでおぼえているメロデイを弾くような場合には、手の

運動野で、大脳の新皮質のうち前頭葉での血流量が 32% 増える」（p.54）という。このように順序のある運動をする時には、時間的・空間的に脳内での活性化が広がり、運動連合野が働くとしている。「指を器用にしたければ、一本一本の指を自由に曲げのばしできる練習をしなければなりません。他の指を動かさないようにして、一本の指だけを曲げのばしする練習をするのです」（p.58）と、手の機能の多様性と練習法を具体的に示している。

　このように指や手の運動を日常生活の中で積極的に活用することが脳の活性化や健康増進に効果的になるものと考えられる。

　岡山大学の呉景龍教授と同附属病院の阿部康二教授のチームは、アルツハイマー病者が「く」の字の膨らみ角度をアイマスク着用条件下で触れた場合に、字の開き具合（角度）を識別する能力が劣ることを見出している。調査では、平均年齢 71 歳の 37 名に試したところ、健常者は 10 度弱の開きの角度差を区別できたが、アルツハイマー病者は 22〜23 度の差になるまで分からなかったという（日本経済新聞，2012 年 6 月 5 日記事）。一般に、アルツハイマー病診断では、医学的な MRI や CT などの画像診断の設備があればより適切に診断が可能な時代となっている。診断のための問診票としてアメリカで開発された質問紙が主流になっているが、言語や教育レベルにより左右される恐れがあり客観性に欠けるとしている。この「く」字による診断方法は早期発見に役立つ簡便な神経心理学的方法の一つとして期待できると思われる。

　東京医科歯科大学大学院教授の奈良信雄氏によれば、「風呂に入ったときに身体の左右で温度の感じ方が違うと話す患者さんがいた。調べると脳梗塞と診断された。ちょっとした感覚の異変から重い病気が見つかった例だ。感覚に異常を感じた場合は、神経内科を受診するとよい」（日本経済新聞，2014 年 3 月 14 日記事）。左右の手と大脳両半球との交叉性（本書 p.18）の知識があれば、日常生活の中で皮膚の温度感覚が病気の早期発見に役立つことがある。

　神経心理学的方法として、患者の行動（両手の制御が左右の脳で交差していることや言語障がいの症状と脳の損傷部位等）や心理検査や知能検査の結果（たとえば、WAIS 知能検査を用いて言語性と動作性との隔たりから低下している機能部位が判明するなど）から、大脳半球の左右や言語中枢など、脳の損傷部位を推定し、早期発見につながることがある（利島，1987 参照）。

また、客観的評価が難しい「痛み」について、視覚的アナログ目盛法（visual analog scale: VAS）やフェーススケール（face scale）法を用いることがある。医療者・患者間で、併せてオノマトペ（本書第3章「8. オノマトペ語彙による触覚の研究」，pp.47-49 参照）で表現させる方法を使うと、痛みの種類の違いをうまく表現できるという。詳細をここで引用すると、「調査は昨秋ファイザー社が全国の成人男女約18万人を対象にインターネットで実施、うち慢性痛で通院経験がある8,183人を分析した。…オノマトペで表現した時に医療者側に痛みを理解してもらえたかの問いに、『よく理解してもらえたと感じた』7％、『大体理解してもらえたと感じた』74％と計81％が手応えを感じていた。…調査では、痛みをオノマトペで表現してもらい、病名と照らし合わせたところ、炎症による痛み（侵害受容器の痛み）では『ズキズキ』が圧倒的に多かった。一方、慢性痛に多い、中枢神経が障害を受けて起こる神経性の痛みは『ジンジン』『ピリピリ』『チクチク』が多かった」（熊本日日新聞，2014年4月25日付記事）というのである。痛覚を含めて触覚の場合、知覚に感情が混在しやすく知覚内容を言語で表現するのに困難を伴うことが多い。苦痛をともなう痛覚の場合、オノマトペ表現により、痛みの内容が表現しやすくなることが考えられる。ここで紹介した研究については、都道府県別の特徴などの詳細をファイザー社のインターネット・ホームページで確認できる。

　身体にとって有害で侵襲性の刺激かどうかの判断は瞬時に行われる必要がある。触覚に限定された場面ではその判断は直接に接触した後になる。そういう場面では、触れる前に侵襲性の判断をすることが難しく、知覚時に過去の痛みに関する経験と感情が想起・介入しやすく、知覚に感情が混在しやすくなるものと考えられる。

　外須美夫氏（麻酔科医）は、癌を病んだ歌人の上田三四二氏の歌「母が手にいたみ撫（な）づれば痛み和（な）ぐ　をさなきときも今のおもひも」を紹介し、「母のぬくもりこそが麻薬以上に痛みを和らげてくれることもある。そんな母の手をもって、痛みの治療にあたりたいものである」（日本経済新聞，2012年8月30日「医師の目」）。人にとって母親の手とその温感の効果は特別のようである。その他にも、手術中に、病院スタッフがずっと手を握りつづけてくれていたことで、患者はその手の温もりが手術を支えてくれたと感謝する

話がある。

　脳研究者の池谷裕二氏は、「手を貸す」実験を紹介している。既婚女性の手首に何度も強い電気ショックを与えると、その後ショックを与えようとするだけで、嫌悪の脳回路が活性化する。ところが最愛の夫が手を握っていてあげると、脳の嫌悪反応が減少するという。見知らぬ人が手を差し伸べても嫌悪感は減じないので、これは夫だけがもっている「愛の力」であろう。「ちなみにこの実験、仲のよい夫婦でないと鎮痛効果はなかったという。逆に言えば、脳の反応を見れば、どれほど良好な関係を築いているかが一目瞭然というわけだ」（日本経済新聞, 2007年12月26日夕刊「あすの話題　手を伝う心」）として、手の触れ合いと良好な人間関係との関連性についてふれている。

　山口（2012）は、皮膚接触が情緒に及ぼす影響を重視した上述の考え方に近い立場（皮膚接触等の積極的な意味での効果を評価する）で、医療などにおける手の接触の重要性を主張している。

　今日の医療現場では電子機器の精密検査によるデジタル情報が必須とされているが、それらのデータに加えて手による触診など含めた総合的でアナログ的判断が求められているように思われる。

第9章　手・皮膚感覚と産業

1. 道具としての手

　平田浩司氏は、ホンダの創業者の本田宗一郎の著書『私の手が語る』(1982)に自身の左手のイラストを添え、ハンマーで打った痕など『私の"宝"』を披露して、「右手は仕事をする手で、左手はそれを支える受け手である。だから、左手はいつもやられている」と紹介している。多くの人、とりわけ男性は左手に少年期の傷跡を確認できることだろう。また、「こまめに手を動かし、労を惜しまない精神は、現代の物作りでも生きている。『吉田カバン』で知られる吉田は…国内企業が海外に生産拠点を移す中でも、『手にかなうものはない』という創業者・吉田吉蔵の方針に従い、国内の熟練職人たちによるミシン縫い、手縫いにこだわってきた。…『カバン作りの急所』だという持ち手の部分に皮を巻く時は『押さえる』『刺す』『糸を引く』『削る』『擦る』『磨く』『塗る』などの手の動きをたたみ重ねる。この道60年以上になる名工の手はそうした必要な動きを覚え込んでいて、何一つ無駄がない。人間の手が経験を記憶し、さらに豊かに働くことを教えてくれる」(日本経済新聞, 2015年3月12日記事「art review 手を尽くす」) と紹介している。いろいろな職業の人々の手を観察すると、その仕事内容に順応するように手が形作られるように思われる。筆者が観察した熟練の老大工の指は、鉋(かんな)を動かしやすい形に幾分曲がっていた。

　カッツ (Katz, 1924; 東山・岩切訳, 2003) は「人間の文化はほとんどすべて、手によって成り立っており… (Lotze, 1885)」(p.4)、「家や自動車などのドアのハンドルは、その名前自体が示しているように、手に合致するように作られている」(p.35) と、新製品の開発など産業界においても手の存在はかなり重視されている。自動車会社の本田技術研究所の二足歩行が可能なASIMOは現在、時速9kmで走り、片足ジャンプができる。また、「硬い瓶を持って

ふたを回し柔らかい紙コップに飲み物を注ぐ動きは、ロボットにとっては極めて複雑な作業だ。アシモは手のひらと指の先にセンサーを内蔵し自在にこなす」（日本経済新聞，2015年10月25日「科学技術」）といわれている。

ロボットによる人間の代行技術の発展には目覚ましいものがある（本書第13章「2.触覚センサーとロボットへの応用例」，pp.110-113」参照）。ロボット技術の発展にもかかわらず、最先端産業の現場では、肝心な箇所は、やはり熟練工の生の人間の手により仕上げられることはよく聞かれる話である。

2. 触覚のアフォーダンス

アフォーダンス（affordance:「afford 与える」の名詞形）という概念がある。これは「環境世界が知覚者に対して与えるもの」（松尾，1999）という意味である。アフォーダンスは環境に存在する物から人間の方へ用途や意味を知らせる現象である。知覚対象の触的認知におけるアフォーダンスを、本来の人間生活、民芸作品や工業製品開発に生かすことができると思われる。たとえば「手に合致するように作られている」ことが大切である。

視覚の領域で論じられることが多いアフォーダンス（Gibson, 1979）も、触覚の経験なしにはあり得ない現象と考える。対象は形状や性質からその対象の用途情報を我々に自然に提供しているが、これも過去の触覚経験がなくては成り立たないと思われるからである。アフォーダンスは触覚経験による安定した実在性を土台にしている。米国 Apple Computer の CEO であった故・スティーブ・ジョブズ（Steve Jobs）氏は、製品開発において、「愛情」、「成し遂げる情熱」、「夢をあきらめないこと」、「人間の感性に対する芸術作品のように製品を作る」、「自分が信じる道を歩かなければ意味がない」、そして「デザインだけでなく手触りが大切である」という言葉を残している。スティーブ・ジョブズ氏は製品開発における手の感触の大切さ知っていたのである。

表現者がそうであってほしいと意図した触覚的表現と知覚者の実際の知覚内容との一致度が高いほど、アフォーダンスは高いことになるのであろう。また利用者にとっては情報を媒介している必要最小限の視覚のみが意識され、他の感覚様相は意識されないほうが順応し易く便利であろう。触覚の役割は不可欠

2. 触覚のアフォーダンス　　85

だが触覚そのものは意識されないように潜在化し、情報伝達の主様相となる視覚など触覚以外の感覚様相を引き立たせている。そのためにスティーブ・ジョブズ氏が指摘したような意味で手触りや触覚の印象は正に重要な因子である。製品の手触りにぎこちない印象や鮮やかな触覚印象が残っては、本当に得たい視覚情報の理解に専念できないことになる。製品開発には、こういった意識化されないほどしっくりした触覚印象を重視する姿勢が必要になるのであろう。ここでは触覚印象を大切にしながらそれを意識させないようにというのは、本書の趣旨である触覚印象を日常生活で意識化することとは一貫していない。それは触覚印象の意識化と潜在化は文脈により意義が異なってくるからである。

　阿部（1989）は、ドアの取っ手を握る行為に際して、ドイツの技術哲学者フリードリヒ・デッサウアー（Friedrich Dessauer）の考察を紹介している。すなわちドアの錠前は多様であるが、いずれも本来「二つの顔」をもっており、「一つの顔が実用的な目的に向けられているのに対して、いま一つの顔はそれを使う人、取っ手を握る人に向けられている、というものである。つまり、第二の顔という点からみると、たくさんの実用的な取っ手のなかには、人の手を誘うようなもの、反対にそれを拒絶するようなもの、あるいは誘いも拒絶もせず、黙しているものがあるのだ」と。「…物には『二つの顔』―実用に向けられたものと、人間の感覚に向けられたものと― があることに注意しよう」としたうえで、「いったい道具や器具の形態決定を行うデザインという操作が、『二つの顔』を十分に意識したうえでなされているのか、などと考える。さらには、そのようなことは無視されるか軽視されて、『持つ』『握る』という手の働きができるだけ排除されてゆくのが文明の進歩だとすれば、そのとき人間は何を獲得し、何を失っていくのか」と文明発達の背後に取り残され、あるいは切り捨てられていく大切な部分があるのではないかという懸念や問題点を提議している。道具や器具には利便性だけでなく手の働きや触覚印象をも考慮すべきということであろう。

　ところで、中島（1999）はテレビゲームにおける触覚メディアを取り上げて、そのなかで触感と人の機微が大切で「手や指を使って能動的にメディアを操作することを通して、視覚や聴覚を超えた人間的な感情を情報として伝えられるメディア」を提唱している。

一方、すでに「ビデオ、テレビゲーム、3D映像など、ハイテクによって『視覚の快楽』が徹底的に追及された結果、もはや視覚の快楽を肥大させたところで刺激にはならなくなったのかも。だとすれば、若者たちが原始的な『体感』や『触覚』に、娯楽性を求めるのもなるほど、うなずける」（日本経済新聞，1994年3月14日夕刊の山下柚実氏記事「ヤングヤング」―妙な商品求める原始的『触覚』―）といわれるようになってきた。さらに、「見ているだけで思わず手が伸び、無意識につぶしたり、触ってしまう。そんな感触を楽しむ玩具が売れている。癒しやストレス解消など用途は様々だが、人気の理由を探ると人間の奥深い生態心理が見えてくる」、「荷作りの緩衝材として使う気泡シートをプチプチつぶす感触…枝豆をさやから指先でつまみ出す感触…、猫の足の肉球を触る感触…」を楽しめる玩具や、発泡アクリル製で手のひらに収まる球形のストレス解消目的の玩具など、「こうした"感触系玩具"は心理学用語で『アフォーダンス』という人間の深層心理を巧みに刺激しているのが特徴であるように思われる。心理学者ギブソンの造語で『誰が教えなくても、穴があれば指を入れたくなるし、ボタンがあれば押したくなる心理』」（日本経済新聞，2008年12月13日記事「裏読みwave―"感触系"の深層心理―」）と共通しているのではないだろうか。このようにアフォーダンスは、形態に関するものだけではなく、触的性質・感触・感情に関してもあてはまる概念といえる。

市川・伊東（2009, p.187）は一番好きな認知心理学者としてドナルド・ノーマン（Donald Norman）を紹介して、「認知科学を文字どおり形作り、そして支えた代表的な学者ですが、1993年頃から『アカデミックな世界にはもう飽き飽きした、現実社会を変えたい』といって大学を辞めてアップル社に移ってしまいました。彼のデザインした製品が発売されるようになって道具の使いやすさや道具のあり方は変わるでしょうか。アカデミックな発想が現実社会の中でどう展開するのかが楽しみです」と述べている。スティーブ・ジョブズのもとで、ICT（information and communication technology）や端末の実現・普及に著しいものがあった。産業界でも認知心理学、とりわけ触覚がさらに研究され実用化されていくことが期待される。

3. 伝統工芸と触覚

　民俗学者の赤坂憲雄氏は、民芸運動創始者である柳宗悦氏による『手仕事の
日本』を紹介して「我が国は昔から『手の国』であった。手より神秘な機械は
ない。手仕事という最も人間的な仕事は、自らの自由と責任において、民族に
固有の美しいものたちを作りだす。…そして、柳は旅に出る。景色を見たり、
お寺に詣でたり、名所を訪ねたりするのではない。手仕事の所産である、その
土地で生まれた郷土の品物を探しにゆくのである。日常の生活に用いられてい
るもののなかに、誇ってよい、『正しくて美しいもの』を訪ねたい、と柳は書
いた」とし、さらに「『手仕事の日本』は、手仕事の掘り起しを通じて、日本
に固有の美しさを発見した書であるとともに、この列島の内なる地方文化を再
発見した書でもあった」、「地方の存在こそが、未来の日本にとって大きな役割
を持つことを語った。手仕事の現場には、悪い品物を作っては恥だ、という気
風がまだ衰えずに生きている。そこでは、半農半工の形がよい結果をもたらし
てきた。また伝統を大切にしなければいけないが、『それは単に昔に帰ること
ではなく、昔を今に生かす』ことであり、それゆえに、伝統を正しく育てるこ
とが必要だ、という」（日本経済新聞，2008 年 11 月 20 日夕刊記事「手と地方
が発見された」）。科学技術の発展に依存するでなく、人間が古くからの手工芸
を正しく育て伝えていくには長年の手技の伝承が欠かせない。地方は次々に押
し寄せる新しい技術の波に影響されにくく、手工芸の継承には地方のほうが適
しているのかもしれない。

　原爆投下後の広島で「触れることができるモノが欲しい」とデザインを目指
した栄久庵憲司氏は、柳宗悦氏の父親である柳宗理氏を紹介している。柳宗理
氏は日本の手工芸の工業化・量産化に貢献し、「鍋やスプーンなどの家庭用品
を数多く手掛けられた。…肌合いがいいというか、接触感、皮膚感覚が絶妙な
のである。機械では絶対に作れない、手びねりの茶碗のような風合いが多くの
ファンを魅了するのだろう」（日本経済新聞，2011 年 12 月 31 日「喪友記」）。

　日本の伝統技術である宮大工の松浦（2001）は「手仕事という言い方をする
と、何か手先だけの仕事のように思ってしまう人もいることでしょう。しか
し、手仕事は決して手先だけの仕事ではないのです。足も使えば、腰も使う。

88　第9章　手・皮膚感覚と産業

もちろん、頭も使うのです。砥石を使う時でも、変な体の使い方をしていたらうまく砥げない。…手先だけでなく体全体を使って刃物を砥ぐわけです。カンナも、手先で使うな、腰で使えといわれますが、それと同じです。姿勢が崩れていると刃先にかかる力が乱れてしまう」のである。

　このことは知覚者の身体の中心軸がずれると、空間軸がずれてしまい対象や状況の知覚が正確でなくなることと類似している。ずれによって仕事の状況や対象についての正確なフィードバックが不可能となり、仕事の遂行に影響が出るものと考えられる。このことは筆者の文字の触知覚実験の時に、水平・垂直の軸である知覚者の姿勢により、正再認率が変動した事例があったことと一致する（本書，p.11）。

　紙商社で株式会社竹尾（2004）のイベント Takeo Paper Show では、「haptic とは『触覚的な』あるいは『触覚を喜ばせる』という意味でとらえ、和紙の風合いこそ haptic な素材だ」という内容を紹介している。「温かくて柔らかい、そして優しい」、「手触りがいいとか、風合いがいいとか、指先に天然物の喜びをもたらす」、「触覚を喚起する」という意味に解釈し、「手を触れたい形というのは歴然と存在するんだ」という考えを製品開発に生かしている。

　この考え方は、触感や感触など質的触におけるアフォーダンスの考え方にも通じるように思われる。利用者へ訴えかけるような製品開発から生じてくる実用性がよみとれるからである。その結果として、伝統工芸の中には無駄を削って質素で完成度が高い製品が多いように思われる。

　我々の日用品の中には、伝統工芸品や芸術品としてあるいは室内装飾や美術品として活用できるものがある。そういった意味で納得いく日用品には、日本人の手の器用さや繊細な感覚が生かされているように思われる。日本人の手の器用さと伝統工芸の繊細さは、ドイツの人たちの厳密な性格が、完成度の高い堅牢な工業製品を生み出してきたのと類似しているように思われる。

4.　触覚による官能検査

　官能検査（sensory test）とは「人間の感覚や知覚に伴って起こる感情に基づいて、対象の品質・特性（味、におい、感触、温室、形、色彩調和、乗心地

など）を評価すること」（田﨑，1996）である。「わたしたちには、手を使っても目を使っても、布地の成分（たとえば、ウールの中にわずかに混じっている綿など）を見わけることはできないが、ベテランの布地ディーラーは、さわっただけでそれをやってのける」（Katz, 1924; 東山・岩切訳，2003，p.3）。

　「舌触り、味わい、香り、食感―。食品の開発や品質管理のため、味を分析するのが『官能評価員』の仕事だ。食品メーカーの多くが社内に評価員を置く」。そして食品会社だけでなく、その他、香水の調香、日本酒などの利き酒、工業製品の品質管理・製品開発など、人間の感覚、知覚に伴う印象・感情により、評価する仕事である。資格としては、「国際標準化機構（ISO）の試験マニュアルがあるが、実際には企業による」（日本経済新聞，2008年3月4日夕刊・記事「ザ仕事人」）ことが多い。

　自動車メーカーの官能検査の品質管理の例として、「車の使用時に感じる視覚や触覚の感性品質を維持する」ために活躍している、日産自動車要素技術改札本部内外装技術開発部の伴アカネさんが紹介されている（朝日新聞，2010年12月6日付夕刊・記事「凄腕つとめにん」）。「すべての感覚を指先に集めた『感性のスペシャリスト』と呼ばれる達人の指が、楽しみ、いとおしむように、品物の表面をなでる。人の手が触れた時の感触、『触感』という観点から、自動車部品の品質を支えるチームだ。部品の試作品をなでた回数は6年間で1万2千回に上る」とのことである。自動車室内側のドアの取っ手について、「硬いプラスチックでも、加工すればしっとりとした『軟らかさ』を感じる触り心地にすることはできる」こと、また日中独など6か国で360人の「触感」を調べたところ、「人がどういう感触を『心地よい』と感じるかは共通だった。指先に、ある一定の力が加わると、人は硬い物でも軟らかく感じてしまう『錯覚』を起こすことも」紹介されている。「軟らか感」の「心地よさ」を採用しているのが「もともとダッシュボードなどのプラスチック部品の表面に、装飾として革模様をつける『シボ』という加工技術だ。このシボを付ければ、硬いプラスチックの感触も軟らかくできる」という。この錯覚を利用し、日産自動車の高級車には、「100～300マイクロメートルの深さの円形のくぼみを均等に散らした『ソフトフィールド』と呼ばれるシボ」が採用されているという。

　「触った感じまでにまでこだわる商品は気の利いた商品と受け止められ、

ヒットすることも多い」。「日産自動車と名古屋工業大学は、硬いプラスチックをしっとり感じさせる技術を共同開発した。注目したのは指紋の溝。研究では、材料の表面の凹凸が指紋の間隔に近いほど、人はしっとりとした心地よさを感じることが分かった」（日本経済新聞，2010年3月1日夕刊「らいふプラス」）。このように能動的触運動による官能検査が品質管理などに実用化されている例は他にも多いものと思われる。

　「硬いプラスチックをしっとり感じさせる技術」の内容は、たとえばvelvet hand illusion（VHI：本書, 第3章 5. 触覚における錯覚：錯触, p.43, 図20）で硬い金網を両手で挟んで合わせて同時に触れながら能動的に動かすことで、ベルベット布生地や絹布生地のような感触を得る錯触の現象に似ている。「指先にある一定の力が加わると、人は硬いものでも柔らかく感じてしまう『錯覚』を起こす」のである。視覚的に硬く見え触覚的にも硬い対象でも、対象の形状や触覚の方法によっては、柔らかさや滑らかさやしっとり感を感じ取ることができる錯触現象である。これは錯触の応用例と考えることができるかもしれない。あるいは錯触の心理学的基礎研究への手がかりになるかもしれない。

　「衣服に触れたときの『高級感』や果物の『かみごたえ』、腰に感じる『疲労感』など、人の感覚で評価している指標をセンサーやロボットを用いて数値で表すことで、狙った特性を持つ商品を開発しやすくなる」ことが注目されている。たとえば慶應義塾大学の前野隆司氏らは「布など素材を触ったときの触覚から、人に与える『高級感』や『爽快感』を推定するシステムを開発した」（日本経済新聞，2015年9月28日付記事「『高級感』などヒトの感覚，センサーで数値化」）という。これらは、生身の人間の好みや主観や体調に影響されやすいという官能検査の不利な点を補う点で効果的な方法と思われる。

第10章 利 き 手

1. 利き手の測定尺度

　筆者が勤務する大学の学期末定期試験の監督をしている時に、左手で答案を記述している学生を数えたところ3％台であった。女子学生が多い大学のせいかすべて女性であった。小川・椎名（1984）によると「人類の大多数は右利きであり、日本では成人の95パーセントが右利きといわれる。右利きの割合はスコットランドで86パーセント、コンゴで99パーセントと国によってやや差があり、多くの国では、近年になって左利きが増加する傾向にある。米国では1932年から1972年の40年間で、左利きの出現率は2パーセントから11パーセントに上昇したとの報告がある。…この現象の解釈として、右利きへの矯正が吃音や情緒障害の原因になりうるということが一般にいわれだしたので、左利きに対する圧力が弱まったため」としている。生理学的には左手を支配する右脳は、同時的・空間的な操作や認知の処理機能が左脳に比べて相対的に優位といわれている。たとえば点字の読み取りは左手が優れているといわれている。『利き手の心理学—左利きには意味がある—』（Barsley, 1969; 西山訳, 1972）の中で、「レオナルド・ダ・ビンチやピカソをはじめと、すぐれた視空間的な操作技能を必要とする芸術家や建築家には左利きが多いと言われる。…このように、左右の手の操作には右脳と左脳の機能差が反映していると考えられるので、左利きは無理に矯正しない方がよいようである」。このことから利き手ばかりでなく非利き手のほうも含めてバランスよく左右の手を適切に使用することに利点が多いことがわかる。

　利き手をどうやって決めるのかについて曖昧さが気になるところである。個人内でも利き手をどんな時に用いるかによって利き手はどちらになるのか、その利き手の程度はどの位かと、いろいろと基準が異なってくる。表6（前原, 1989）は利き手を決めるのに用いられる質問尺度の一例である。

92   第10章 利 き 手

たとえば、

　『いつも使う手はどちらですか、右手か左手のどちらかに○印を記入して
　　ください。右手と左手をほとんど同じくらいに使う場合には"両手"に
　　○印を記入してください。』

と教示し、回答結果の○印の個数を集計して次式により側性係数を算出する
ことができる。

　左右の利き手の程度を表す側性係数（LQ: laterality quotient）は次式で求め
る。

$$側性係数（LQ）= 100 × （右－左）÷ （右＋左＋両手）$$

　またアネット（Annett, 1998）によると、エジンバラ利き手目録（Edinburgh
Handedness Inventory: EHI）というのがもっともよく使われているが、より
適切な方法としてアネットは自作の質問紙（表7）を紹介している。書字の
手は通常の選択でよいが、「質問10 板に釘を打つ時にハンマーを持つ手は？」
のように、アネットはハンマー使用時の手は相対的な手の技量を予測する強力
な指標になると考えている（p.65）。アネットは、通常の右利き・左利きの2
分類や、常に右利き（66％）、常に左利き（4％）、そして左右混合（30％）の

表6　利き手の調査票 (前原, 1989 を一部改変)

項　　　目	右　手	左　手	両　手
文字を書く			
ハシをつかう			
絵をかく			
ボールを投げる			
ハサミをつかう			
歯ブラシをつかう			
スプーンをつかう			
短いホーキを持つ			
マッチをする			
ビンのフタをひねる			

1. 利き手の測定尺度 93

3分類に対して、利き手の8分類を提唱している。すなわち、1. 純粋な右利き、
2. 混合型の右利き（左弱）、3. 混合型の右利き（左軽）、4. 混合型の右利き（左
並）、5. 混合型の右利き（左強）、6. 混合型の左利き（右軽）、7. 混合型の左利
き（右弱）、8. 純粋な左利きの8つである。分類でもっとも重要な行為を表7
中の、項目番号1〜4、10そして11としている。分類基準の説明がやや曖昧と
いう印象はあるが、これにより3分類の左右混合の比率の大きさ（30％）に着
目し、混合型を程度によりさらに分類できるという利点がある。

表7　アネットの利き手調査質問紙（Annett, 1970; Annett, 1998 in Connolly 1998, p.66 の邦訳）

利 き 手 調 査

氏名＿＿＿＿＿＿＿＿＿＿＿＿＿＿＿＿＿＿＿＿＿＿　　年齢＿＿＿＿＿＿

あなたは双生児、三つ子、あるいは一人っ子ですか？
以下の活動の際に、あなたは習慣的にどちらの手を使いますか。
右手の人は「R」、左手の人「L」、どちらでもの人「E」と記入してください。＊

以下の活動の際に、あなたはどちらの手を使いますか

　　1　文字の書きやすさは？　［　］
　　2　標的を狙ってボールを投げる時は？　［　］
　　3　テニス、スカッシュ、バドミントンをするときにラケットを持つのは？　［　］
　　4　マッチを擦るときにもつ方は？　［　］
　　5　ハサミで切るときの方は？　［　］
　　6　針の穴に糸を通すときの手は？（糸に針を導く時の手は？）　［　］
　　7　掃き掃除のときにほうきを持つ手は？　［　］
　　8　土運搬でショベルの先端を持つ手は？　［　］
　　9　カード遊びの際の手は？　［　］
　　10　板に釘を打つ時にハンマーをもつ手は？　［　］
　　11　歯磨きの際の歯ブラシをもつ手は？　［　］
　　12　ジャーのフタを回して開けるときの手は？　［　］

もし以上のすべての活動で右手を使う場合、
　　右手の方が使い勝手がよい活動が何かありますか？ここに記入してください。
　　［　　　　　　　　　　　　　　　　　　　　　　　　　］
もし以上のすべての活動が左手を使う場合、
　　左手の方が使い勝手がよい活動が何かありますか？ここに記入してください。
　　［　　　　　　　　　　　　　　　　　　　　　　　　　］

＊冒頭の教示は「E 反応」を防ぐ意図で、省かれることがあった。

94 第10章 利 き 手

アネット（Annett, 1998）によれば、左右どちらかを利き手とする2分類法やそれに両利きを含めた3分類法よりも、利き手の程度による8分類の方が、手の相対的技巧の程度を信頼して関連づけられるという。そのほか、左利き足や左利き目の確率も、利き手と関連して系統的に増加したことを報告している。また親族の左利きの確率で分類できることから、利き手の分類は遺伝的メカニズムと関連していることを示唆している。

2. 利き手の発達

時実（1962）によると、2歳から4歳の利き手について、右利きが38.1%、左利きが40.5%、左右利きが21.4%だが、その2年後では右利きが75.4%、左利きが18.9%、左右利きが5.7%になったという。この結果から、6歳ころには利き手が固定するものと考えられる。そして人間では、右手を使う右利きの方が、左利きよりも多いとしている。また、12歳から20歳の男子学生532名のうち、右利きが占める率が「書く」（84.2%）＞「蹴る」（74.2%）＞「みる」（68.2%）＞「片足とび」（46.8%）という結果から、「あまり器用さを必要としない動作ほど、利き方に左右の違いがすくない」という見解を示している。これまで述べてきたように、手には道具を作り使用するために特別な器用さがもとめられるのである。そのために利き手は左右のどちらかに固定される傾向がある。

成長後に利き手を変更する実験例として、もともと右利き、38歳の女性が箸使い、包丁使い、書写の練習を左手で繰り返したところ、約1か月後には上達したという（日本経済新聞，2012年2月18日記事「とことん試します」）。

しかし幼児期の子どもの左利きの場合、矯正によって右手利き手へと強制的に変更させることは、性格発達に敏感な時期に、本来の安定したその子どものやり方を否定し情緒的な不安定をもたらすことになるので薦められない方法である。手の利き手を無理に変えさせたり、あるいは変えようとするとどうなるのかという問題は昔から考えられてきた。それは本人に緊張感など重い心理的負担をかけることになり、それが自信喪失の原因となることさえある。無理強いしないことが順調な成長に欠かせないことが、近年では一般によく知られて

いる。

　それまで順応や適応してきた運動感覚の方法をある瞬間から正反対に変更することには困難を伴う。とりわけ最初のうちは不安と緊張を強いることになる。このことは、たとえば世の中がさかさまに見えるメガネ（逆転鏡視）を着用した視覚実験からも明らかである。最初は気分が悪くなるほどの不適応感が生じると報告されている。最終的には逆転鏡視下でも自転車に乗れるようになるといわれている。利き手の強制的変更の場合にもこの種の不適応感が生じる原因となる。

　久保田（1983）は両手使いを薦めている。右利きの人の95％以上が左脳が言語脳であるが、左利きの人でも60％が左脳、残りの40％が右脳か、左右とも言語脳という。非言語脳（すなわち、右利きの人にとっては右脳）は空間的・同時的処理など言語以外の重要な役割を果たしている。その種の処理作業能力活性化のためには、非利き手の脳（右利きの人にとっては右脳）を刺激するように非利き手の運動が必要となる。以上のことから、両手使いが必要というわけである。「工作をするときには、右手で道具を持って加工し、左手ででき具合を触って確かめながら作品を仕上げて行きます。左手の感覚として、もっとも鋭敏なのは、ひとさし指となか指の先端（関節のさらに先）なので、微妙な触り具合をさぐるときには、この二つの指の先端を使います。…右手だけでもできる作業のときでも、十分補助的に左手の機能を働かせているか」が大切であるという。たとえば、もし鉛筆を削る時、「電気鉛筆削りは片手で充分ですが、ナイフで鉛筆を削るのは両手をそれぞれのもつ機能で動かさなくてはなりません」（p.68）と一例を示している。彼は、脳を育てる子ども用の玩具としては、組み立てブロック（レゴ）、ジグソー・パズルがよく、遊びとしてはキャッチ・ボールを薦めている。

　バーズリー（Barsley, 1969; 西山訳, 1972）は、その著『左ききの本』の扉に「左ききを許してくれた　わが母へ」と、彼自身が左利きでありそれを温かく見守ってくれた母親への感謝の言葉を捧げている。彼は英国の左きき協会の創設者の一人であり事務局長も務めた人物である。彼は、左利きの代表的な人物として、野球で活躍したベーブ・ルース（1895-1948）、映画界のチャールズ・チャップリン（1889-1977）、『鏡の中のアリス』の著者ルイス・キャロ

ル（1832-1898）、ビートルズのポール・マッカートニ（1942-）、そのほかにも多くを挙げている。また、ボーイスカウトの世界共通の習慣は左手で握手するし、レオナルド・ダ・ヴィンチ（1452-1519）は左手で解剖図の説明文を鏡映文字により書いている。バーズリー（Barsley, 1969; 西山訳, 1972）は、「心理学者たちが、きき手についてあまり語っていないことはがっかりするほどである」（p.241）と利き手への関心と研究を促している。彼は精神分析学的・解釈学的な立場から論を展開しているが、ここではその詳細については割愛する。

　筆者は利き手研究がまだ未完成でありこれからもやりがいのある研究課題と考える。これまでの利き手の分類・判定方法や右利きと左利きの割合などの実態調査が実行されてきたが、心理学者による利き手研究が少ない理由として研究の行き詰まり感があるのかもしれない。しかし、脳の左右側性化（ラテラリティ: laterality）の観点など、利き手の差異による情報の処理方法や思考法の違いを現在以上にさらに解明できるかもしれないからである。

第11章　手と指のしぐさと運動

1. 手のしぐさの意味

　手の仕草（しぐさ）は言語的コミュニケーションの補助手段になる。手のしぐさは非言語的コミュニケーションとしての役割を果たしているし、時には感情を表している。状況によっては、心を表現するのに言葉よりも、むしろ手のほうが表情豊かな場面がある。「親指と人差し指をこすり合せることは緊張状態にある人によく見られる」（Montagu, 1971; 佐藤・佐藤訳, 1977）というように手のしぐさは、人間の精神状態を如実に表すことがある。

　野村雅一氏は手のしぐさについて次のように説明している。すなわち、手がきわめて人間的であり「人が二本足で立ちあがったとき手が生まれたわけだが、手はそれまで口がおこなっていたいくつものはたらきをするようになった。したがって、手が言語と深くむすびついて、表現活動の中心になるのは当然といえるかもしれない。とりわけキリスト教世界の伝統では、手のうごきは直接、『行為』につながる。手をあげて誓う。両手をあわせて祈る。男女が司祭の前で手を重ねて結婚する。正教徒のセルビア人は、最近のニュース映像でも見るように、親指、人差し指、中指の三本をはなして立ててあいさつする（三位一体を象徴して祝福するのだろう）。そして、もちろん機会があるたびごとに十字を切って『聖別』し、悪魔をはらう。このように、キリスト教は手に大きな力をみとめてきたのだが、それはじつはキリスト教以前のヨーロッパの古代文明の伝統にさかのぼる。たとえばローマ法においては、所有権の法的移行を示す『マヌキパチオ』、奴隷の開放を意味する『マヌミッシオ』から派生する術語からもわかるように、手は力の象徴だった」（日本経済新聞, 1999年5月19日付記事「しぐさの人間学」）との説明がある。

　また、野村氏は、数える時に指を使う（折りながらか立てながらか、親指からか小指からか、指の関節に数をあてはめていく方法は文化による）ことを紹

介している（日本経済新聞，1999年9月22日付記事「しぐさの人間学」）。また小指に関しては、「指切りゲンマン」が子どもの約束事だけでなく、もともとは色町での男女の愛の誓いに由来すること、その他、外国では小指に関しては意味が異なること、セネガルでは数えることは相手の所有財産を確認することになり忌み嫌われることなどを紹介している（日本経済新聞，1999年5月26日付記事「しぐさの人間学」）。

　スナップ写真撮影の時に見かけるVサインは、久保田（1983）によると、ベルギー人の法律家V.ラブレがナチスに対抗するのに単純に理解されるサインとして1941年1月に発案したものである。その後、イギリスの元首相チャーチルが公式の場でさかんに使い反戦の合言葉としてヨーロッパに拡がった。しかしそれ以前は、人を侮辱するために使われた歴史があるという。

　日本人は、寺社仏閣で拝む時に両手を合わせて合掌する。奈良の東大寺の大仏様の左手は掌が1.48 m、中指が1 m強あるそうだ。その左手は「『与願印』という印相で、人々の願いをかなえてくれるありがたい形。ちなみに右手は『施無畏（せむい）印』といって、人々の恐怖を除き安心を与える印相」（日本経済新聞，2006年1月29日付記事「大仏の手」）と紹介されている。「手は口ほどに物を言う」として「下から左手を振り仰ぐ。派手にたなごころをかざす右手に比べて、地味な感じがするが、両手合せて初めて、大仏さんの広大無辺の力は発揮されるのであろう」。この手のかたちは当時の人々の価値観や切なる願いが手のかたちに込められている。その精神性や内容についは現代においても通じるお姿であるように思われる。専門外の領域になるので、ここではそれ以上の言及はできない。

　他の感覚受容器と比較して手が主たる担い手である手のしぐさにはその土地ごとに伝承されてきた独自の意味が含まれている。手のしぐさとその意味は調べれば他にもさらに多く存在するものと考えれられる。今後も解明されるべき領域と思われる。手のしぐさの型や動作が同じでもしぐさの意味は、民族や宗教や時代により異なることがある。しぐさの研究は、文化人類学などとの広範な研究や皮膚感覚・接触との関係の研究が必要と思われる。

　詩歌のなかには手を扱ったものが多い。手の動きが心の動きを表して生じるのである。ここで例を挙げると、谷川俊太郎氏の詩『手と心』では、

「手を手に重ねる　手を膝に置く　手を肩にまわす

　手を頬に触れる　手が背を撫でる　手と心は仲がいい

　手はまさぐる　手は焦る　手は間違える

　手は迷走し始めて　手はひどく叩かれる　手はときに早すぎる

　　心よりも」

　　　　　（朝日新聞，2011 年 1 月 17 日夕刊『一月の詩』）

　我々の日常生活において、たとえばこの原稿を書くためにパソコンのキーボードを打っている時には手は仕事をし筆者は手が視野に入っているはずだが、手は意識されないままに自動的に仕事をしており、私が手や手の動きを意識することは少ない。しかし手は意識されなくても脳の指示で働いている。たとえば石川啄木の詩『一握の砂』（本書序文）の中でもみられるように、知覚・認知では眼が主役になることが多いなかでも、何かを契機に「ぢっと手を見る」ことになったときの手へのいろいろな想いが溢れ出るが、そこに深い精神性をみるのである。

2. 手と指の運動と記憶

　古い研究になるがバッデリィ（Baddeley, 1976）は触覚の記憶に関する研究を展望し、部分報告の結果では 800 ms 継続する感覚登録器の存在や、短期記憶やリハーサル（復唱）効果が確認された研究を紹介している。またミルナーとテイラー（Milner & Taylor, 1972）はてんかん発作防止のために患者の大脳両半球交連繊維切断手術で左右の連携がとれないようになった患者さん（男性 5 名、女性 2 名計 7 名、全員右利き、年齢 13～43 歳、受術後 2.6～5.8 年）の協力を得て、針金でできた不規則なパターンを認知させたところ、右脳支配では 2 分経過しても可能であったが、左脳支配では直後でもできなかったと報告している。触空間的処理の記憶に際しても右脳が有意であることを示している。

　我々は、なにかを記憶する際には、記憶手段として、言語による命名（labeling）が効率的である。しかしそれに加えて可能な限り五感すべてを用いて覚えた方が記憶として保持され、また想起されやすいのである。地理や歴史

の教科の受験勉強では手製のサブノートを自作することで、また外国語学習における単語暗記でも手書きしながらの方が、内容が体制化され記銘と保持が効率的で記憶に定着しやすくなる。手書きで手を動かすことが記憶の定着を促進する。すなわち、再生するときと同じやり方で記銘することで、想起の文脈や手がかりが増え、再生成績がよくなるのである。

バッデリィ（Baddeley, 1976）では、触覚の記憶研究として 1960 年代から 70 年代の短期記憶と長期記憶の研究、数例が紹介されている。しかし、その後の記憶研究は全領域にわたって発展が著しく、触覚の記憶研究については他の書籍や学術雑誌を参考にしてもらいたい。

≪コラム≫

洋画家の藪野健氏は、「記憶というのは、ビジュアルとか、胃とか五感でしか覚えられない。ですから私は絵を描いて手で覚える。学生とはいろんなものを食べることにしています。僕がしゃべったことは全部忘れると思うけど、あそこのぼた餅を食べたとか、記憶に残る」、「絵を描くのは確認の作業、文章を書いてもいい、俳句を作ってもいい。それが記憶に残る記憶装置になります」（日本経済新聞, 2013 年 4 月 7 日付記事,「歩く 感じる 描く」）と述べ、記憶と五感、記憶と手作業のつながりの重要性を自らの体験を込めて語っている。

記憶の説明として、長期記憶の中で言語による宣言的知識と手続き的知識に分類する方法 (Best, 1991, pp.7-9) がある。宣言的知識はおもに言語による記憶で、手続き的知識は手を含めた身体での記憶である。手続き的知識の例として、自転車に乗れるようになるとその後は自動的かつ比較的長期的にいつでも自転車に乗れる。車の運転の場合、熟練してくると踏切に近づくと一旦停車して自動的に左右確認をする。これらは想起の努力なしに身体的に自動的に生じる行動である。

上述のような単語学習でも書字行動のような手の動きや動作が伴えば手続き的知識を促進するものと考えられる。

第 12 章　触覚の芸術と表現

1．芸術作品と触覚

　パリのフランス国立クリュニー中世美術館の「一角獣をつれた貴婦人」のタペストリー（絵画風の毛織物：「日本経済新聞，2005 年 11 月 20 日付記事「美の美 – 一角獣がやってきた – 」）には一角獣の角を手で触れる様子が触覚場面として表現されている（本書口絵）。当時の感覚の象徴であろうか、視覚には鏡、聴覚には携帯型オルガン、嗅覚には花冠、味覚には砂糖菓子が象徴として描かれている。触覚だけが実在しない伝説上の生物である一角獣の角が描かれている。触覚は当時としても具体的な実在的対象をイメージし難く探しても思いつかなかったのかもしれない。記事の解説によると「貴婦人の魂の状態」は、感覚様相と年齢とで対応させ、「嗅覚は子供時代を表す。味覚は思春期。…視覚は瞑想する姿。触覚は哲学的な思索」と発達段階を表現しているとの解釈がある。ルネサンスの「感性の解放」などを標榜した人間性中心の思想を背景に、感覚の素晴らしさが織物に表現されたのだろうか。6 枚目の「我が唯一の望み」は、感覚に留まらない、感覚を超えた理性ではないかといわれている。

　田﨑（2014）は、この「一角獣をつれた貴婦人」を紹介している。上掲資料によると、表現は素晴らしく繊細であるが、内容として華やかさを捨て去り、五感の素晴らしさを啓示する贈り物として制作され、さらに五感を超えた何か、第六感を暗示しているという説もあるという。いろいろな研究者が寓意を解明しようと試みている。人間自身がもつ感覚の素晴らしさだけでなく、6 枚目が示唆するように、感覚耽美への警告も含まれているものと考えられる。

　日本独自の俳句の世界では鋭い感覚による観察力が必要である。俳句の世界では、五感のうちのどの感覚様相がもっともよく用いられているのであろうか。文芸や芸術の分野において、現代の触覚を代表する対象は何であろうか。触覚は日常生活において視覚や聴覚よりも意識化されることが少ないせいか、

102 第12章 触覚の芸術と表現

触覚を代表する対象を挙げるのは難しいように思われる。このように触覚について意識し考えてみることで、触覚を再評価する契機になるかもしれない。

パリのオランジェリー美術館の入り口近くの屋外にブロンズのロダンの彫刻『接吻』が設置されている。しかも直接に触れることができるくらいの場所に置かれている。熊本県立美術館本館ロビーにも展示されている。彫刻鑑賞では、視覚だけでなく触覚による鑑賞も許されるのであれば、芸術鑑賞における感動や印象や制作技術はさらに深まるものと思われるが、それは一般に禁止されている。

カッツ（Katz, 1925; 東山・岩切訳，2003）は「彫刻を鑑賞しているとき…『芸術的な創造は、その作品の全体を、同時に熟視されることを欲する…彫刻においては…それは一度になされるのではなく、時間の継時的な経過とともにおこなわれるものである』」（p.48）と記している。

平面的な絵画では作品の全体を同時的・視覚的に鑑賞する。彫刻は立体表現であり、彫刻作品の芸術鑑賞では全体と同様にあるいはそれ以上に部分ごとに継時的に視線で辿りながら、まるで手で触れているかのように眼で観察しているように思われる。芸術鑑賞における2次元平面的作品と3次元立体的作品の場合で鑑賞方法が異なるのかもしれない。絵画など平面的作品は視覚的鑑賞であり、彫刻など立体的作品では触覚的鑑賞が加えられる。ただし平面的な作品鑑賞でも作品に近づいて筆運びを確認したい心境は、この立体的作品を辿るようなまるで触覚的に継時的経過を辿っていく状況と類似しているように思われる。彫刻は眼による視覚と手による触覚との協応の産物である。視覚的な表現と触覚的な表現とは異なる場合もあると思われるので、作品に触れられることはまた別の鑑賞ができるかもしれない。そこから新たな表現方法についての着想が生まれるのかもしれない。

徳島市の「大塚国際美術館」には、有名な絵画の作品など、約1,000点が、陶板画によるレプリカで展示されており、来館者は作品に直接触れることができる。油絵の凹凸を指先で感じることもできるという、特徴的な美術館である。

山口県宇部市の「ときわミュージアム」別館には、詩人で彫刻家の高村光太郎（1883-1956）の彫刻作品『手』（1917年作）が展示されている（図30と図31）。フランスに留学した高村光太郎はロダン（1984-1917）に傾倒していたとのことで、ロダンの作風が醸成されている。高村光太郎のこの作品には、手の

1. 芸術作品と触覚 103

図30 高村光太郎『手』(1917年作)の手のひら(掌)側の写真
(撮影:下瀬信雄;「緑と花と彫刻の博物館(ときわミュージアム)/山口県宇部市」所蔵)

104   第12章　触覚の芸術と表現

図 31　高村光太郎『手』(1917 年作) の手の甲側の写真
(撮影：下瀬信雄；「緑と花と彫刻の博物館 (ときわミュージアム) / 山口県宇部市」所蔵)

力強さや繊細さや複雑さなどが感じられる。本物の芸術作品には繊細さと力動感が表現され「手は外部の脳」という印象がますます強くなる。

　ところで、図30と図31は、ちょうどそれぞれ手のひら側と手の甲側である。触覚の神経生理学的には、手のひら側がより弁別的・識別的で、手の甲側がより情動的・感情的な機能があることが示唆されている（McGlone et al., 2014：本書第2章「4. 触覚の神経経路：認知と情緒」, pp.19-22参照）。

　視覚的な印象では、手のひらと甲のどちら側が識別性あるいは情動性の印象をもつのであろうか。筆者は授業開始時の大学生の受講者に「どちらがより感情的・情動的に感じるか」を質問したところ、ちょうど半々であった。ところが引き続き同じ集団に「自分が触られている時を想定し、どちらが感情的・情動的に感じるか」と質問したところ、「手のひら」対「手の甲」では1対3の割合で甲の方が感情的・情動的と回答した。すなわち感情や情緒を伝達するCT求心性神経線維が手の甲側（有毛部）だけに分布していることと一致する。ところが、他のクラスでの同じ内容の質問ではまったく逆の結果となってしまった。この場合には文脈などを統制した実験計画が必要であることが明らかであった。また手の視覚的印象と実際に触れた時の触覚的印象の関係の背景を知るためには、さらに系統だった実験的検討が必要と考えられる。

2.　触覚印象の表現方法

　日本教育心理学会（2013年8月18日）におけるチュートリアルセミナー「鑑賞教育における認知心理学」では、オノマトペ（本書第3章「8. オノマトペ語彙による触覚の研究」, pp.47-49）を使用すると表現が深まり相手によく伝わることが報告されている。そのなかで関口（2013）はオノマトペを用いると29人中19人で鑑賞文が書きやすくなったという結果を報告している（批判的意見はなかったという）。日本語におけるオノマトペ、たとえば「ネバネバ」と「ヌルヌル」の差異的表現が英語では難しいなど、英語表現ではオノマトペは少ない。関口（2013）は、鑑賞教育として、21個のオノマトペ項目ごとに鑑賞シート「感じたままに」（3件法: 感じた、どちらでもない、感じない）で作品を評価させる日本語の「オノマトペを活用した作品鑑賞の言語化」を報

告している。吉村（2013）によると、絵画鑑賞における顕現的特徴と潜在的特徴を唱えているが、触覚では潜在的特徴が多いという（Markovic & Radonjic, 2008）。学校教育では「観察力」→「構成力」→「表現力」の鑑賞プロセスモデルがあり、知覚では知性（意味的理解）による顕在的属性と、感性（感情・イメージ）による潜在的属性の両方が含まれている。個性的な潜在性を引き出すことが教育だという考えのもとでは、触覚に関する語彙が多く含まれるオノマトペの使用が効果的であるとされている。

第3章（pp.47-49）で述べた、早川・松井・渡邊（2010）の研究では、感覚を表現する言葉自体の関係性を分析し、触り心地の「さらさら」「つるつる」などの触覚のオノマトペの音韻を利用した触り心地の分類手法を用いている。こういった客観的評価手法を芸術教育へ応用することが鑑賞力を高める効果的手段とされている。この問題は、触覚と聴覚（音韻）との関係についての研究へと繋がり、触覚研究のすそ野が広がることが期待できる。

詩人の佐々木幹郎氏は詩人・中原中也を引用して、「『これが手だ』と『手』といふ名辞を口にする前に感じてゐる手、その手が深く感じられてゐればよい」（昭和十年, 芸術論覚え書き)」の意味の解釈として、「『手』という言葉が生まれる前に、身体的に感じている『手』、その感触や感覚こそが大事で、概念化された言葉や文字を通して『手』を感じても、それは詩の言葉には遠い、と彼は言いたかった。けれどもわたしたちはたいてい、文字を通して、あるいは言葉を通して、多くのことを知る」（日本経済新聞, 2016年6月17日夕刊記事「あすへの話題」）。芸術鑑賞の困難さの背景に、手や触覚の自己身体意識（第3章, p.46）や客観面と主観面の問題等が考えられる。

アニメーション化もされた『バッテリー』の作者、児童文学者の、あさのあつこ氏は、「皮膚感覚で書きたい」、「皮膚感覚でとらえたものでなければ理解できない」とのことから『バッテリー』執筆時には、軟式野球のボールを持ちながら執筆したとのことである。また彼女の中学生への授業では「大人になる一歩手前のみんなには面白いものを考え出す能力がいっぱいある。見たものや聞いたことを書きためて五感を磨いてください」、「書くためによく考えてみることで、自分が何を見たり聞いたりしたのかが思い出せる」（朝日新聞, 2011年3月9日掲載記事「書きためて五感磨く」）と中学生を励ましている。言語

表現では、場面に即した文脈に身を置くことでその時の皮膚感覚を伴うことが可能となり実在的なイメージを得て力強い表現が可能になるものと思われる。

視・聴・触・味・嗅の五感を磨くことにより、何かに気づいたり、発見した知覚内容・事象をイメージ化しやすくなり、芸術や創作活動の表現へとつながる。皮膚感覚でのイメージに基づけば、内容の実在性や表現動機が活性化されるのである。また逆方向に、たとえば俳句などの創作活動に従事することが自然や出来事への注意や観察へと促すことになり、たとえば、手指や皮膚感覚が意識されるなど、観察のための五感を磨くことにもなるのである。

手や触覚に限らず、感覚・知覚された内容、その表現、そして第三者による解釈、こらの間での意味的な隔たりは常に課題になっている。心理学だけでなく文学など広範囲にわたって議論されている課題であろう。活動分野のレベルによっては、芸術鑑賞にも客観的方法が導入されるべきではないかと考える。

触覚的な表現として、先天盲の幾何学的立体の表現例（望月，1979, 2009）がヒントになるかもしれない（p.417）。円錐の場合、平面図の円の中心に点や側面図的な三角形の表現となり、尖った点の印象などが表現に用いられている。田﨑・足立（1977）でも同様の結果を報告している。視覚経験を有しない先天性全盲の人と晴眼者とでは、適切な触覚的表現はそれぞれで異なるのかもしれない。今日でも触覚の特徴を活かした表現方法が模索されている（広瀬・嶺重，2012）。

荒井（1985）は、「人間の手の指は複雑な動きをするが、その代表的な例は、なんといってもピアニストの手だろう。訓練されたピアニストの10本の指は、見事な調和をもって、強く、弱く、ときには速く、次の瞬間にはゆっくりと、モーツアルトや、リストや、ショパンなどの曲を自由自在に弾きこなすことができ」（pp.14-15）、「10本の指は、それぞれ独立したハンマーだということができる。音に表情をつけるためには、打鍵のさいに、それぞれ微妙なタッチが要求されるが、ピアニストは緩急強弱だけでなく、そのタッチまで意のままに変化させて音を"歌わせる"ことができるのだ」（pp.16-17）と述べる。このようにして手指の動きによって、繊細に聞こえる音の連続体を奏でることができる。手（触覚）と耳（聴覚）と眼（視覚）の協応活動による創造である。人間の手と脳の関係からみると、ピアノ演奏はまるで脳外科医が行う繊細な手術のような高度な活動であるようにも思われる。

≪コラム≫

　彫刻家の片山博詞氏は、「『触れる』ことに焦点を当てたアートやデザインが広がっている。五感の中で触覚は『確かさ』が得られやすいとされる。…『真っ暗なスペースで彫刻に触れてもらい、見えないものからこそ伝わる作品の価値を感じて…』」、「触覚は人間の根源的な感覚。普段は情報を得る場合、視覚に頼りがちだが、その錯覚や思い込みで間違えやすい『危うさ』も訴えたかった」とし「触れること」の話を紹介している。認知科学者の渡邊淳司氏は「心臓の鼓動に合わせて振動する『箱』をつくり、…手のひらサイズの立方の『箱』が、自分の心臓に合わせて鼓動を始める。箱が心臓のように感じられ、…触れる体験に根ざすことで、『生命』という抽象的な概念をより深く理解することにつながる」。コピーライターの久山弘史氏は「触れることは手軽だが、その人をいや応なく当事者にする。触覚にはそういう力があり、今まさに必要とされているのではないか」（日本経済新聞，2015年9月26日「文化」）という。触覚により実在的・当事者になるのは認知と感情とで共通している。

　一方、書家の石川九楊氏は『筆蝕の構造─書くことの現象学』にて「書とは触覚の芸術である」という。「一点、一画を書き進んでいくプロセスが書の魅力であり、書く力の強弱や速さ、深さ、角度などの『書きぶり』を感じるのが書の楽しみ。それは絵でもデザインでもなく『言葉』そのものであり、書＝文字の集まりは文章へ、文学へと発展していく。その根源が書である」（日本経済新聞，2009年10月25日記事）という。

　また、大橋啓一氏は臨床美術の立場から、「五感を重視し、例えばリンゴを描く前に手に持ち、香りを嗅ぎ、味わう。そうして感じたリンゴのイメージと色を重ねながら描いていくと、量感、質感に富んだ作品が生まれる」と述べ、芸術作品と五感とのつながりを強調している（日本経済新聞，2012年8月8日記事，「臨床美術士を養成」にて）。

　芸術作品の表現には作者は大変な苦労を伴うことが想像できる。ここで紹介した記事からは、芸術作品表現のために、触覚による量感・質感の「確かさ」が手がかりになることが示されているように思われる。

第13章　触覚に関するその他の話題

　本章で扱う内容は、心理学以外の分野における、触覚研究の話題である。過去十数年間の筆者の手元で入手できた新聞記事の切抜きや資料を中心に紹介し、触覚、皮膚感覚、手の研究の今後を考える契機としたい。

1.　自然環境における五感と癒し

　高山（2015）によれば、森林浴による「癒しをもたらす環境要因とは？」で、森林散策路と都市散策路を比較し、森林浴が健康に良いことを唱えている。その際に、視覚には照度、嗅覚にはフィトンチッド（樹木が発散し癒しや安らぎ感を与える化学物質）とマイナスイオン、聴覚では音圧、触覚（皮膚感覚）では暑さ・寒さの温熱環境を指標として選んでいる。森林浴では、木漏れ日のような眼にやさしい視覚的環境、癒しの化学物質が多く、静かで音の質も自然音が多かった。触覚では温熱環境の6要素（気温、湿度、風速、輻射熱、着衣量、代謝量）の複合効果を評価したところ、5月（初夏）から10月（初秋）では森林内の方が都市環境よりも、涼しく、不快率が低かった。10月になると森は気温が低くなりすぎて寒さによる不快が多くなるので、服装による調整が必要としている。そこで高山（2015）は、都市部でもこれらの心地よい環境の演出に、「癒し効果やリラックス効果の高い都市環境のデザインが可能になる」として提案している。

　五感の一つ触覚については上掲の温熱環境6要素（気温、湿度、風速、輻射熱、着衣量、代謝量）の観点から、快適さや癒しのための皮膚感覚として適切な自然環境の研究や生態学的研究が考えられる。そういった自然環境が入手不可能である場合には、6要素を人工的に制御して快適な温熱環境を工夫できるかもしれない。外出や散策時には、歩行の効果として、内耳の三半規管による平衡感覚とともに、足の裏側の皮膚感覚（靴底を通しての感覚）への刺激は、

110　第13章　触覚に関するその他の話題

触空間認知の垂直方向の軸となって身体全体のバランスをとる役を担うなど健康促進の効果を期待できると思われる。

2.　触覚センサーとロボットへの応用例

　「皮膚の下にフィルム状のセンサーが計197個ある。フィルムが変形すると電気信号に変わる」、「肉厚の皮膚には、圧力や振動、力の加わる方向など、3種のセンサーを計90個、埋め込んだ。見た人が思わず抱きしめたくなる『親和性』をとことん追求した」介護ロボットに関して「腕や胸の皮膚に埋め込んだ触覚センサーは計320個。抱き上げる作業では、人の体重の移動に応じて腕の力を調整する」(朝日新聞，2009年1月12日付記事「やわらかロボットへの試み」)。

　触覚センサーは介護や介助など人間のための代行ロボットへ適用されるために開発や発展が著しい。触覚センサーはロボットが生身の人間のようなきめ細かな対応を可能にするために不可欠な対象認識のための感覚代行装置と思われる。心理学分野では未知だがロボット工学などの分野では既知となっている知見があれば、心理学としても研究の手がかりになると思われる。

　国際電気電信基礎技術研究所(ATR)と大阪大学は、人間では約100個/cm^{2}のところ、ナノテクノロジー(超微細技術)を使い、人間の皮膚をまねた超小型触覚センサー(4素子/mm^2)を開発した。「物に触れたとき検出素子にかかる力の大きさや方向を測り、指の皮膚で感じる圧力やこすれを再現する。従来のセンサーは大きさが数センチメートルあった」。「ロボットの手に使えば、イチゴなど壊れやすい物をやさしくつかんだり、人と握手したりできるようになる」(日本経済新聞，2008年11月25日記事「皮膚感覚をセンサーに」)。

　ナノテクノロジーにより触覚センサーの小型化が進められている。コンピュータの特性を活かせば将来的には人間の能力や限界を超える触覚センサーが発明されるかもしれない。その場合も触覚とよぶのだろうか。

　東北大学医工学研究科の田中真美教授の研究では、「さらさらした髪の毛」、

「すべすべの肌」、「こうした人間の皮膚が感じる触覚を科学的に測るセンサーが注目を集めている。これまで分かっていなかった触覚の仕組みが少しずつ解明され、人に優しい介護ロボットや髪をつややかにするシャンプーの開発に役立つと期待されるからだ。皮膚が感じる感覚は人間の感情も左右するため、触感で気分を伝えるコミュニケーションが可能になるかもしれない」。「専門の医師にしかできなかった触診をセンサーでできるようになる」。触感センサーと30人の指での印象がほぼ同じだったという結果であった。またこのセンサーを使って、20代から60代の女性の肌で調べたところ、本当の年齢とほぼ一致したという。新製品開発、職人技の伝承、触覚通信などに応用できるという。

　また、指紋について、慶應義塾大学前野隆司教授は「指紋は指にかかる微妙な力をとらえ、増幅する働きがあり、指紋がないと皮膚の感覚受容器の感度は三分の一に落ちる」。「触り心地のいい自動車シートや持ちやすいペットボトルの開発に役立つ」という。ボールなどのモノをつかむ感覚を通信して再演するロボットハンドを開発中の東京大学工学部舘暲教授は、「触覚は、（人やモノなど）現実にあるものとの唯一の接点」、「人とコミュニケーションをとったりモノの形や性質を確認したりするために、一番確かなのが触覚だ。インターネットや携帯電話での情報が行き交う時代にあって、肌の感覚が伝わる対話が見直されている。こうした皮膚感覚を伝える触覚センサーが実現すれば、遠隔地でも人と人が触れあうコミュニケーションができる未来がぐっと近づくかもしれない」（日本経済新聞，2008年4月13日記事「サイエンス」）。

　製品開発や品質管理のための能動的触運動による官能検査（本書、第9章，pp.88-90）では指紋の効果が大きく影響しているのである。また手でつかんだときの触り心地も大切である（同，pp.84-86）。これらは触覚センサーの開発に活かされるかもしれない。人間の触覚の仕組みの解明がロボット開発を促進するのであろう。

　慶應義塾大学の舘暲教授と科学技術振興機構は、「専用メガネをかけなくても3次元（3D）に見える映像を画面に表示し、指で触れて触感も楽しめるディスプレーを開発、試作機を公開した。道路標識などに使われる反射材料を利用して実現した。博物館の展示や商品カタログなどに役立ちそうだ。試作機

は電子レンジほどの大きさで、穴をのぞき込んで映像を見る。指に専用セン
サーを装着して画面に映った妖精に触れたところ、付属のゴムバンドが反応し
てゴム風船のような感触が伝わった」(日本経済新聞, 2010 年 10 月 13 日記事
「3D 映像：触れると感触『メガネ』不要」)。

　美術館の絵画や彫刻のような直接手で触れることができない作品の鑑賞（本
書、第 12 章 p.102）において、絵画の筆使いや彫刻の凹凸を触覚的に実感す
ることをこのディスプレーは可能にするにするかもしれない。

　「情報通信研究機構は、脳の活動を読み取って人の指先の動きをパソコン上
で再現することに成功した。ロボットによる遠隔手術などに適応できるとい
う」。「指を上下、左右、斜めの計 8 方向に繰り返し動かしてもらい、脳の神
経活動の変化を磁場で読み取る脳磁図（MEG）で計測した。MEG は神経活動
を即時に把握できるが、活動部位は明確にはわからない。このため、活動部位
が正確にわかる fMRI（機能的磁気共鳴断層撮影）と組み合わせ、指の動きと
fMRI、MEG の計測結果の対応をデータベース化した」(朝日新聞, 2010 年 10
月 29 日記事「指の動きを瞬時に再現」)。

　「脳性まひの患者が脳波の信号でロボットを操る実験に、大阪大学と国際電
気通信基礎技術研究所、東京大学の研究チームが成功した。脳の表面に取り付
けた電極で脳波を読み取り、ロボットの腕を最大 90% の精度で患者が考えた
通りに動かせた。…米神経学会誌（電子版）に掲載された。数年から十数年に
わたり運動まひが続いている患者では運動に関する脳波を正しく読み取れるか
疑問視されていたが、今回の実験で可能であることが分かった。ALS（筋萎縮
性側索硬化症）など神経の病気や、事故で体が不自由になった人の生活支援に
応用できるとみている。実験には、てんかんなどの治療のため脳の表面にシー
ト型の電極を取り付けている患者 12 人が協力。うち 6 人は運動まひ、1 人は
腕のない患者だった。あらかじめ腕を実際に動かした時や、動かすことを頭で
考えた時の脳波の特徴を分析しておき、患者の動きや考えを脳波から判別し
てロボットを動かせるようにした。『肘を曲げる・伸ばす』『手を開く・握る』
『手で物をつかむ』といった動作を、患者が考えるのとほぼ同時にロボットが再
現できた。精度は 60〜90% だった」(日本経済新聞, 2011 年 11 月 4 日記事「脳

波読み取りロボット：運動マヒ」）。

　手、腕、指の動きとその時の脳の活動部位や脳波との対応関係が確認されつつある。そして脳の活動を読み取り患者が思うことをロボットに代行させる効果器としての役割が期待されている。

　触覚センサーでロボットに皮膚感覚を持たせることにより、遠隔手術では手と指の微妙で精緻な操作が、介護ロボットでは力や皮膚接触の柔らかさで優しい対応が可能になる。また意図した行動を考えるだけでその時の脳波を瞬時に解読し意図する行動をロボットに代行させることができるようになる。

　このように人間の皮膚感覚をロボットに代行させるために、人間の皮膚構造や感覚受容器の神経の構造と機能の解明も同時に発展している。ロボットの進化のためには人間そのものの解明が不可欠であるからである。人間の皮膚感覚研究の知見が触覚センサー研究や感覚代行ロボットの開発に活用されている。これはちょうど現在の人工知能（artificial intelligence：AI）の開発において、かつてのオートマトン（automaton）の領域で人間の知能に関する知見や人間の情報処理様式をコンピュータやロボットに応用してきた経緯と類似している。

3. メディアへの応用例

　東京大学発ベンチャーの青電舎は東京大学工学系研究科の樋口俊郎教授の助言で、携帯電話のタッチパネルに「触感」をもたせる技術を開発した。「パネルにタッチした瞬間に、その部分を短く振動させ、実際にボタンを押した時の感じに近づける。…全体が震えるのではなく、触感を鮮明にできる。力を発生させる場所や方向も設定しやすいという」（日本経済新聞，2010 年 10 月 20 日付記事「タッチパネルに『触感』」）。

　パネル上に触感を再生することは触覚情報を遠くに伝えるためのコミュニケーション手段として役立つものとされている。

　MIT メディア研究所副所長の石井裕氏は、「私が考えたのは、今の主流であるグラフィカル（視覚的）なコンピュータの操作法に疑問を投げかけることで

した。私たちは、情報を画面上の光る点（ピクセル）で表現し、マウスやキーボードで操作しています。情報の表現と操作手段が乖離（かいり）しています。これを一体化することが必要だと直感し、情報に物理実体を与え、手でさわって操作できる手法を提唱しました。タンジブル（触れられる）ユーザーインターフェースを名付けました」。タンジブル（触れられる：tangible）とは、スクリーン上のピクセル画素をマウスでクリックして操作するのではなく、情報に直接触れたり体感したりできる操作方法。具体化した「ミュージック・ボトル」という作品を提案している（日本経済新聞，2010年2月18日記事「出すぎた杭は打たれない④」）。

　より正確な情報伝達のためには、メディアを視聴覚だけでなく触覚による実感も同時に伝える必要があるという考えと試みである。

　「キヤノンマーケティングジャパン（キヤノンMJ）は3D（3次元）プリンターとCG（コンピューターグラフィック）を組み合わせ、触って質感を確かめられる仮想映像システムを開発した。（中略）『MR（ミックスド・リアリティ＝複合現実感)』と呼ぶ技術を使う。カメラと多数のセンサーを使い、CGの映像を現実空間に映し出し、着用型や手持ち型のディスプレーに表示する。例えばバイク開発に利用すると、バイクのCGが現実にあるように映し出される。そこに3Dプリンターでつくったハンドルを重ねることで、その質感が実感できる。製品の完成イメージ上で開発する部品や装置の使い勝手が確認できる効果がある」（日本経済新聞，2014年4月5日付記事「『触れる』仮想映像」）。

　3Dプリンタを使った錯触の研究（本書第3章 p.43）は心理学でもすでに実施されている。しかしここでは3Dプリンタにより試作品完成までの時間が短縮され、製品の大切な触的質感をあらかじめ確認できるというものと思われる。3Dプリンタが触覚研究や製品開発のための有効な手段となりつつある。

　日本電産は、機器を使う人に振動を与えて「物に触れているかのような感覚を様々な振動で再現する」触覚デバイスを、スマートフォン、自動車、ロボットの遠隔操作、疑似体験のエンターテインメントに応用できるとしている（日

本経済新聞, 2015 年 7 月 23 日記事「画面押した感触を振動で再現」)。

　触覚の振動感覚による他の例として進行方向を伝える装置（雨宮, 2017）などがある。聴覚の例として、ハイブリッド車や電気自動車はエンジン音には歩行者のために車両接近警報装置がある。伝達手段として人工的感覚刺激を活用することは人の環境適応を促すことになると思われる。駅ホームの点字ブロックも人工的感覚刺激として役立っている。

　車の運転では車内での静かさが高級車の一つの条件ということで振動を感じなくなっているらしい。ところがそれは一種の感覚遮断状況になってしまうことになり、安全性の面からは車を運転する時の路面の状況が体感できるなどある程度の振動は残っていた方がよいという意見もある。乗り心地の観点もあり、個人の好みを優先すれば一概に断定はできない問題である。実際の日常生活では人間本来の繊細な感覚に生で伝えることの方が人間本来の感覚を育てることにつながるのである。筆者は仮想空間や仮想感覚の応用先は特定の分野に限られるべきと考える。

4. 医療への応用例

　医療の最先端では、手術支援ロボット「ダヴィンチ」が出現している。「医師が大きく動かした操作にも小さく再現できる。人の手が届きにくいところでも、数ミリレベルで細かな処置が正確にできるのが特徴だ」（日本経済新聞, 2010 年 3 月 1 日夕刊記事「手術支援ロボ　国内で開発：医師の細かな手の動き正確に再現」)。

　この手術ロボットは大きな総合病院のホームページ等で紹介されていることがある。術者の医師に、立体映像だけでなく、手の動きや触感の微妙な変化を増幅して伝えることができるといわれている。触覚センサーなどの発展によりさらに高度な手術支援ロボットの出現が期待できると思われる。

　慶應義塾大学医学部では、手と同じように自由に動いて触覚をもった手術支援ロボットを試作し、臓器や血管に器具が触れた手応えを医師が感じながら

116 第13章 触覚に関するその他の話題

（触覚を原点に）手術ができることを目指すという。「臓器を手で触りながら患部を探り当てる医師の経験が生かせるので、安全で正確という。…アームの先につけた鉗子にかかる力を瞬時にコンピュータで計算し、医師の手元の操縦かんに同じ力を再現する。臓器をつまんだり、引っ張ったりした感触を伝える。…縫合用の糸を結んだり、臓器の一部を切開したりするときの力の調整がしやすくなる」（日本経済新聞，2010年8月5日記事「感触も伝達　手術ロボ」）。

　安全と正確さ向上のために鉗子を通しての実際的な感触を伝えることができる手術ロボット開発の記事である。しかしその場合にも術者となる医師は臓器の直接的な触診による日常的な触感経験を積んでおくことが前提であると解釈できる（本書、第8章の「1.触診の意味と重要性」，pp.75-77参照）。

　皮膚を通して無痛で薬を注入できる。神経や毛細血管がある真皮には届かず、神経がない表皮の層にとどめるために、痛くない。京都薬科大学高田寛治教授（薬物動態学）のチームは、「高さ0.5ミリ、根元の直径0.3ミリの小さな円錐形で、マイクロニードル（微小針）と呼ばれる。…針を粘着テープに並べて皮膚に押しつけると、それぞれの先端から半分ほどが刺さる。神経や毛細血管がある真皮には届かず、神経がない表皮の層にとどまるため、痛くない。…重い糖尿病の人は一日に何度も自分でインスリンを注射する。その苦痛や精神的負担は大きく、無痛の投薬方が切望されている」（朝日新聞，2008年3月16日記事「life & science 日曜ナントカ学」）。

　通常の痛覚は侵襲性刺激から身を守るための警告信号であり重要であるが、注射時の痛さはできるだけ軽減されたいと考えるのが人情である。皮膚の解剖学的構造から考案された無痛の注射があれば注射恐怖症や白衣恐怖症の人が今後は少なくなるかもしれない。

　2014年のノーベル生理学・医学賞を受賞したのは、脳の空間感覚を担う神経細胞に関して、ネズミが特定の場所にいるときだけに活性化する「場所細胞」を発見した英ロンドン大学のジョン・オキーフ氏と、方向感覚や位置関係に関わる「グリッド細胞」を発見したノルウェー科学技術大学のモーセル夫妻であった。場所細胞は記憶などに関係する脳の海馬にあり、グリッド細胞はそ

の近くにある。この2種類の細胞が連携して働いていたという。ヒトでも両細胞があることがわかってきた。アルツハイマー病者の道迷いの解明に関わるという（日本経済新聞，2014年10月7日付記事「ノーベル生理学・医学賞：『脳の空間感覚』3氏に」）。

　筆者はこの記事は空間感覚に関する内容なので触覚にも関連するとの思いでここに引用した。生理学的基礎の構造の新しい発見・知見に対しては、触覚の心理学研究では常に注意を向けておく必要があると思っている。それらの発見・知見が、触覚の感覚刺激入力にどう影響していくのかなど、触知覚の研究にとってどんな意義があるのか、今後も関心がもたれるところである。

　以上、新聞記事（一部は日本基礎心理学会2016年度フォーラムなどを含む）を中心として触覚関連の記事を紹介した。その他にも、インターネットで「触覚」や"haptics"を検索すれば、いろいろな企業や研究所や学会などが触覚の研究に取り組んでいる様子をホームページで閲覧できる。ここで取り上げた4つの話題の選択理由は筆者にとって資料入手が可能であったからであった。そのためにもっと重要な話題を漏らしてしまっている可能性があることを、お断りしておきたい。また今日のAI（artificial intelligence: 人工知能）、ロボット工学、医療分野の研究の開発・発展のはやさは著しく、日々新しい発見や発明が記録を更新しつつあると考えられる。最新の研究はここで紹介した内容とは異なるかもしれないことをご容赦いただきたい。また、2014年〜2016年にかけての記事の中には、熊本地震（2016年4月14日・16日）の後片付け時に紛失しここで引用できなくなったものがあったことをお断りしておきたい。読者でこの領域の研究や触覚に関心がある方がおられたら、触覚に関する新たな情報や知識をご教示をお願いしたい。こういう時代だからこそ、触覚の研究がますます盛んになってほしい。

謝　辞

　ジャケットと口絵の写真 "Noble Lady and Unicorn, touch"「一角獣をつれた貴婦人 - 触覚 - 」のタペストリー（絵画風の毛織物）は、この作品を現在所蔵しているフランス国立クリュニー中世美術館 Cluny Museum の写真部門責任者 Nicolas 氏から本書掲載の許可を得た。

　フランス国立クリュニー中世美術館 Cluny Museum に対して、心から謝意を表したい（Photo © RMN-Grand Palais（musée de Cluny - musée national du Moyen- Âge）/ Michel Urtado / distributed by AMF）。

　本書103ページと104ページの図30と図31の高村光太郎・作「手」の写真（撮影：下瀬信雄氏）引用では、所蔵している「緑と花の彫刻の博物館（ときわミュージアム）/ 山口県宇部市」の許可を得た。ご協力を頂いた「ときわミュージアム」に対して心より謝意を表したい。

引用文献

阿部公正（1989）.「持つ」こと「握る」ことのうしろにあるもの　クラフト・センター・ジャパン（財団法人）・編．手―もうひとつの生活　丸善　pp.52-56.

雨宮智浩（2017）．触覚・身体感覚の錯覚を利用した情報提示技術と身体象の理解　日本基礎心理学会2016年度第2回フォーラム「身体と知覚：認知」（熊本大学文学部2017年2月5日）

Annett, M.（1970）. A classification of hand preference by association analysis. *British Journal of Psychology*, **61**, 303-321.

Annett, M.（1998）. The stability of handedness. In K. J. Connolly（Ed.）, *The psychology of the hand*. London: Mac Keith Press. pp.63-76.

荒井孝和（1985）．人間の手の話―そのメカニズムと病いの基礎知識―（ブルーバックスB-622）　講談社

Baddeley, A. D.（1976）. *The psychology of memory*. New York: Harper & Row Publishers.

Barsley, M.（1969）. *The left-handed book: An investigation into the sinister history of left-handedness*. London: Pan Books.（バーズリー，M. R. 西山浅次郎（訳）（1972）.左ききの本　TBS出版）

Becker, J.（1935）. Über taktilmotorische Figurewahrnehmung. *Psychologische Forschung*, **20**, 102-158.

Berkeley, G.（1709）. *A new theory of vision and other writings*. London: J. M. Dent & Sons.

Best, J. B.（1991）. *Cognitive psychology*. New York: West Publishing.

Corballis, M. C., & Beale, I. L.（1976）. *The psychology of left and right*. Hillsdale, NJ: Lawrence Erlbaum Associates.（コーバリス，M. C.・ビール，I. L. 白井　常・鹿取廣人・河内十郎（訳）（1978）．左と右の心理学―からだの左右の心理―　紀伊國屋書店）

Day, R. H., & Gregory, R. L.（1965）. Inappropriate constancy explanation of spatial distortions. *Nature*, **207**(4999), 891-893.

Field, T.（2001）. *Touch*. Cambridge, MA: The MIT Press.（フィールド，T. 佐久間　徹（監訳）（2008）．タッチ　二瓶社）

Gibson, J. J.（1962）. Observations on active touch. *Psychological Review*, **69**, 477-491.

Gibson, J. J.（1966）. *The senses considered as perceptual systems*. Boston, MA: Houghton Mifflin.

Gibson, J. J.（1979）. *The ecological approach to visual perception*. Boston, MA: Houghton Mifflin.

行場次朗（1999）．パターン認知　中島義明・安藤清志・子安増生・坂野雄二・繁桝算男・立花政夫・箱田裕司（編）心理学辞典　有斐閣　pp.688-690.

122　引用文献

Graham, M. L.（1988）. *Lateralization of spatial ability: Tactile form perception in children.* Ann Arbor, MI: University Microfilms International, A Bell & Howell Information Company.（made from the microfilm master copy of original dissertation by UMI）.

Gregory, R. L.（1963）. Distortion of visual space as inappropriate constancy scaling. *Nature,* **199**（4894）, 678-680.

Gregory, R. L., & Wallace, J. G.（1963）. Recovery from early blindness: A case study.（*Experimental Society Monograph,* No.2, 1-46.）Cambridge, UK: Heffer.（cited from Heller & Schiff, 1991）

Harlow, H. F.（1971）. *Learning to love.* San Francisco, CA: Albion.（ハーロウ，H. F. 浜田寿美男（訳）　愛の成り立ち　ミネルヴァ書房）

早川智彦・松井　茂・渡邊淳司（2010）. オノマトペを利用した触り心地の分類手法　日本基礎心理学会（配布資料）

Heller, M. A.（1986）. Central and peripheral influences on tactual reading. *Perception & Psychophysics,* **39**, 197-204.

Heller, M. A.（2000）. *Touch, representation, and blindness.* New York: Oxford University Press.

Heller, M. A., & Schiff, W.（1991）. *The psychology of touch.* Hilsdale, NJ: Lawrence Erlbaum Associates.

東山篤規・宮岡　徹・谷口俊治・佐藤愛子（2000）. 触覚と痛み　ブレーン出版

広瀬浩二郎・嶺重　慎（2012）. さわっておどろく！　点字・点図がひらく世界（岩波ジュニア新書）　岩波書店

市川伸一・伊東裕司（編）（1996；2009）. 認知心理学を知る〈第3版〉おうふう

今井省吾（1984）. 錯視図形　見え方の心理学　サイエンス社

Jeannerod, M.（2003）. The mechanism of self-recognition in humans. *Behavioral and Brain Research,* **142**, 1-15.（野川　茂（2015）. 複合感覚　*Clinical Neuroscience*（月刊 臨床神経科学）, **33**（5）, 531-534.）

株式会社　竹尾（2004）. HAPTIC　五感の覚醒　朝日新聞社

Katz, D.（1925）. *Der Aufbau der Tastwelt.* Leipzig, Deutschland: Verlag von Johann Ambrosius Barth.（カッツ, D. 東山篤規・岩切絹代（訳）（2003）. 触覚の世界 実験現象学の地平　新曜社）

Katz, D.（1936）. A sense of touch. The techniques of percussion, palpation, and massage. *British Journal of Physical Medicine,* **2**, 35ff.

川島　慎（2013）. 皮膚に聴く―からだとこころ―（PHP 新書 880）　PHP 研究所

Kinney, G. C., Marsetta, M., & Showman, D. J.（1966）. *Studies in display symbol legibility, part XII. The legibility of alphanumeric symbols for digitalized television.* Bedford, MA: The Mitre Corporation, November, ESDTR-66-117.（from Lindsay Norman, 1977）

香原志勢（1980）. 手のうごきと脳のはたらき（みんなの保育大学③）　築地書館

Krueger, L. E.（1982）. Tactual perception in historical perspective: David Katz's world of touch. In W. Schiff, & E. Foulke（Eds.）, *Tactual perception: A sourcebook.*

London: Cambridge University Press. pp.1-54.

久保田　競（1982）．手と脳―脳の働きを高める手―　紀伊國屋書店

久保田　競（1983）．脳力を手で伸ばす　紀伊國屋書店

Kurson, R.（2007）. *Crashing through: The extraordinary true story of the man who dared to see.* New York: Random house Publishing Group.（カーソン，R. 池村千秋（訳）（2009）．46 年目の光？　視力を取り戻した男の奇跡の人生　NTT 出版）

Lindsay, P. H., & Norman, D.A.（1977）. *Human information processing: An introduction to psychology.* New York: Academic Press.

Locke, J.（1706）. An essay concerning Human Understanding. Edited with an introduction by John W. Yolton, 2 Vols., *Everyman's library,*（1961）. revised ed. 1965.（ロック，J. 大槻晴彦（訳）　1972　人間知性論（一）　岩波書店）

Loomis, J. M., & Lederman, S. J.（1986）. Tactual perception. In K. Boff, L. Kaufman, & J. Thomas（Eds.）, Handbook of perception and human performance: Vol.12. *Cognitive processes and performance.* New York: Wiley. pp.1-41.

Lowenfeld, V.（1957）. *Creative and mental growth*（3rd ed.）. New York: Macmillan.（ローウェンフェルド，V. 竹内　清・堀内　敏・武井勝雄（共訳）（1963）．美術による人格形成 創造的発達と精神的成長　黎明書房）

Mach, E.（1918）. *Die Analyse der Empfindungen und das Verhaltnis des Physischen zum Psychischen.* Jena, Deatschland: Gustav Fischer.（マッハ，E. 須藤吾之助・廣松渉（訳）（1971）．感覚の分析　法政大学出版局）

前原勝矢（1989）．右利き・左利きの科学　利き手・利き足・利き眼・利き耳…　講談社

Markovic, S., & Radonjic, A.（2008）. Implicit and explicit features of paintings. *Spatial & Vision,* **21**, 229-259.

松尾太加志（1999）．アフォーダンス（affordance）　中島義明・安藤清志・子安増生・坂野雄二・繁桝算男・立花政夫・箱田裕司（編）心理学辞典　有斐閣　p.14.

松浦昭次（2001）．宮大工 千年の「手と技」　祥伝社

McGlone, F., Wessberg, J., & Olausson, H.（2014）. Discriminative and affective touch: Sensing and feeling. *Neuron,* **82**, 737-755.

Metzger, W.（1953）. *Gesetze der Sehens*（2. Aufl.）. Frankfurt am Main, Deutschland: Waldemar Krammer.（メッツガー，W. 盛永四郎（訳）（1968）．視覚の法則　岩波書店　pp.42-64.）

Milner, B., & Taylor, L.（1971）. Right-Hemisphere superiority in tactile pattern recognition after cerebral commissurotomy: Evidence for nonverbal memory. *Neuropsychologia,* **10**, 1-15.

宮岡　徹（1994）．触感覚　大山　正・今井省吾・和氣典二（編）新編感覚・知覚心理学ハンドブック　誠信書房　p.1232.

宮岡　徹（2010）．Velvet Hand Illusion（VHI）触錯量の心理物理学的測定（日本基礎心理学会第 29 回大会発表要旨）（「基礎心理学研究」（2011），**29**（2），184-185. による）

宮岡　徹（2014）．3D プリンタで錯触刺激を作る　日本心理学会第 78 回大会発表論文集，583.

望月登志子（1979）．視覚と触覚による透視図的図形の構造把握―開眼者と晴眼者の

比較を中心として―（Senden, M. v.（1932）. *Raum und Gestaltauffassung bei operieten Blindgeborenen vor und nach der Operation.* Leipzig, Deutschland: Barth.（translated by P. Heath.（1960）. *Space and sight ― The perception of space and shape in the congenitally blind before and after operation.* London: Methuen.（フォン・ゼンデン, M. 鳥居修晃・望月登志子（訳）（2009）. 視覚発生論―先天盲開眼手術前後の触覚と視覚―（現代基礎心理学選書 第2巻）協同出版 pp.407-424.）

Montagu, A.（1971）. *Touching: The human significance of the skin.* New York: Columbia University Press.（モンタギュー, A. 佐藤信行・佐藤方代（訳）（1977）. タッチング 親と子のふれあい 平凡社）

村田 哲（2015）. 触覚 *Clinical Neuroscience*（月刊臨床神経科学）, **33**(5), 523-526.

中島誠一（1999）. 触覚メディア―TVゲームに学べ！次世代メディア成功のカギはここにあった― インプレス

長滝祥司（1999）. 知覚とことば 現象学とエコロジカル・リアリズムへの誘い ナカニシヤ出版

野川 茂（2015）. 複合感覚 *Clinical Neuroscience*（月刊臨床神経科学）, **33**(5), 531-534.

小川捷之・椎名 健（1984）. 8. 利き手の心理学―左利きには意味がある― 心理学パッケージ4 ブレーン出版 pp.56-65.

岡田正章・児玉 省・藤田復生・阿部明子（1974）. 保育原理（現代幼児教育シリーズ）東京書籍

小野正弘（2007）. 擬音語・擬態語4500 日本語オノマトペ辞典 小学館

小野三嗣（1982）. 手―大脳をきたえる 玉川大学出版会

Over, R.（1967）. Haptic illusions and inappropriate constancy scaling. *Nature,* **214,** 629.

Penfield, W., & Rusmussen, T.（1950）. *The cerebral cortex of man: A clinical study of location of function.* New York: Macmillan.

Rock, I（1983）. *The logic of perception.* Cambridge, MA: The MIT Press.

Rock, I.（1975）. *An introduction to perception.* New York: Macmillan.

Rock, I., & Victor, J.（1964）. Vision and touch: An experimentally created conflict between the senses. *Science,* **143,** 594-596.

Rousseau, J.-J.（1762）. *Émile ou dé l'education 1.*（ルソー, J.-J. 今野一雄（訳）（1964）. エミール 岩波書店）

関口洋美（2013）. 日本教育心理学会第54回総会シンポジウム 鑑賞教育における認知心理学

Senden, M.v.（1932）. *Raum und Gestaltauffassung bei operieten Blindgeborenen vor und nach der Operation.* Lepzig, Deatschland: Barth.（Translated by P. Heath（1960）. *Space and sight: The perception of space and shape in the congenitally blind before and after operation.* London: Methuen:（フォン・ゼンデン, M. 鳥居修晃・望月登志子（訳）（2009）. 視覚発生論―先天盲開眼手術前後の触覚と視覚―（現代基礎心理学選書 第2巻）協同出版 ）

鈴木良次（1994）. 手のなかの脳 東京大学出版会

橘 覚勝（1976）. 手 その知恵と性格 誠信書房

高木貞敬（1996）．脳を育てる（岩波新書）　岩波書店

高山範理（2015）．森林浴の愉しみ4　癒しをもたらす環境要因とは？　*UP*, **44**(1), （通巻507号），42-48（東京大学出版会）．

田中平八（1999）．触覚（illusion）　中島義明・安藤清志・子安増生・坂野雄二・繁桝算男・立花政夫・箱田裕司（編）　心理学辞典　有斐閣　p.92.

田﨑權一（1980）．10 触知覚　吉岡一郎（編著）　心理学基礎実験手引き　北大路書房　pp.34-35.

田﨑權一（1986）．マザリング　小林利宣（編）教育・臨床心理学辞典［増補版］　北大路書房　p.369.

田﨑權一（1989）．幼稚園児による平仮名文字認知に関する視触様相間比較の研究，山口短期大学学術研究所報告，創刊号，31-39.

田﨑權一（1996）．感覚による検査：吉岡一郎（編著）あなたの心理学　北大路書房 p.22.

田﨑權一（2003）．文字の能動的能動的触運動知覚に関する実験的研究（広島大学博士論文）

田﨑權一（2006）．能動的触運動と事象関連電位に関する一実験　宇部フロンティア大学大学院付属臨床心理相談センター紀要，**2**号，19-25.

田﨑權一（2009）．I実験法 2 皮膚感覚・2点閾―精神物理学的測定法2―　宮谷真人・坂田省吾（代表編集）　心理学基礎実習マニュアル　北大路書房　pp.96-99.

田﨑權一（2012）．能動的触知覚による文字の認知　心理学研究の新世紀 第1巻 認知・学習心理学　ミネルヴァ書房　pp.29-42.

田﨑權一（2014）．中世の感覚とWundt使用の実験器具　熊本県立大学文学部「文彩」，**10**, 47-48.

田﨑權一・足立正常（1977）．先天性盲人における立体画の知覚　日本心理学会第41回大会発表論文集，298-299.

田﨑權一・德永智子（2011）．Velvet Hand Illusion に関する一対比較法の実験　中国四国心理学会論文集，第**44**巻，6.（第67回大会：比治山大学にて，11月12日～13日開催）

Titchener, E. B.（1920）．*Textbook of psychology*. New York: Macmillan.（ティチェナー，E. B. 和田陽平・大山　正・今井省吾（編著）（1969）．感覚・知覚心理学ハンドブック　誠信書房より引用）

利島　保（1987）．心から脳をみる―神経心理学への誘い―　福村出版

塚田裕三（編）（1977）．脳　サイエンスイラストレイテッド4（別冊サイエンス SCIENTIFIC AMERICAN 日本版）　日本経済新聞社

時実利彦（1962）．脳の話（岩波新書〈青版〉461）岩波書店

鳥居修晃（1982）．視覚の心理学（心理学叢書―9）　サイエンス社

上羽康夫（1985）．手―その機能と解剖［改訂第2版］　金芳堂

Vallbo, A. B., & Johansson, R. S.（1978）．The tactile-sensory innervation of the glabrous skin of human hand. In G. Gordon（Ed.）, *Active touch – The mechanism of recognition objects by manipulation: A multi-disciplinary approach –*. Oxford, NY: Pergamon Press. pp.29-54.

和田陽平・大山　正・今井省吾（編著）（1969）．感覚・知覚心理学ハンドブック　誠信

書房

和氣洋美・和氣典二（1988）．"ひらがな"の能動的触知覚における加齢の効果　神奈川大学心理・教育研究論集，**6**, 75-122.

渡邊淳司（2014）．情報を生みだす触覚の知性―情報社会をいきるための感覚リテラシー―　化学同人

渡邊淳司・早川智彦・松井　茂（2010）．ワークショップ「触り言葉で話してみよう」日本基礎心理学会第29回大会（配布資料）

Weber, E. H.（1834; 1852; 1978）．*The sense of touch.*（*De tactu.* Translated by H. E. Ross & D. J. Murray, originally published in 1834）. New York: Academic Press.

Weinstein, S.（1968）. Intensive and extensive aspects of tactile sensitivity as function of body part, sex and laterality. In D. R. Kenshalo（Ed.）, *The skin senses.* Springfield, IL: C. C. Thomas. pp. 195-222.

山口　創（2012）．手の治癒力　草思社

山本真笈子・綾部早穂（2010）．触覚パターン認知に学習が及ぼす影響―学習の長期保持とへの転移―日本基礎心理学会第29回大会（2010年11月27日・配布資料）

吉村浩一（2012）．絵画に顕在するものを展示解説文に生かす意義　展示学，**50**, 042-051.

引用資料（引用順）

（本書4ページ）　日本経済新聞2005年11月20日付記事「『美の美』一角獣がやってきた④」

（本書8ページ）　NHK2006年4月29日6時30分〜53分放送「ホリディインタビュ: 皮膚感覚で書きたい」

（本書8ページ）　日本経済新聞2011年9月25日付記事「手の言い分」

（本書22ページ）　朝日新聞2010年10月30日付記事「海豪うるるさん講演『五感で幸せになるって何？』」

（本書23ページ）　日本経済新聞1999年5月31日付記事「先端人: 生き物に学ぶ視点で」

（本書31ページ）　朝日新聞2012年7月1日付記事「遠い解決 水俣病56年」

（本書40ページ）　日本経済新聞2016年3月20日付記事「現代ことば考」

（本書63ページ）　日本経済新聞2015年9月7日付記事「核心: 人工知能の時代に何を学ぶ」

（本書63ページ）　日本経済新聞2016年1月7日付記事「ジョージ王子 初登園」

（本書64ページ）　朝日新聞2008年6月2日付記事「心の発達 新たなテーマ 霊長類チンパンジー認知研究30年」

（本書64ページ）　日本経済新聞2014年2月13日付夕刊記事「プロムナード: 甘くないチョコの話」

（本書69ページ）　朝日新聞2009年1月18日付記事「元気のひけつ」

（本書69ページ）　朝日新聞1995年1月14日付夕刊記事「五感探検. 10」

（本書71ページ）　朝日新聞2009年6月24日付記事「触って楽しむ 点字つき絵本」

（本書71ページ）　朝日新聞2011年1月27日付夕刊記事「目・耳ともに不自由な盲ろう者」

（本書73ページ）　朝日新聞2011年1月20日付記事「私の視点: 盲人のホーム転落」

（本書76ページ）　日本経済新聞2014年5月13日付夕刊記事「あすの話題」

（本書76ページ）　日本経済新聞1999年3月11日付夕刊記事「触診」

（本書76ページ）　NHK2007年8月28日午後10時放送「プロフェッショナル: 名助産婦・命のドラマ」

（本書76ページ）　朝日新聞2009年7月16日付夕刊記事「文化: 私の収穫 素朴な科学的思考」

（本書77ページ）　日本経済新聞2005年11月13日付記事「指体操で脳刺激」

（本書77ページ）　日本経済新聞2015年1月25日付記事「毎日 指先体操: 高齢者も手軽 認知症予防」

（本書79ページ）　日本経済新聞2011年11月19日付記事「手のマッサージで体調管理」

（本書80ページ）　日本経済新聞2012年6月5日付記事「アルツハイマー: 『く』の字識別で診断」

（本書80ページ）　日本経済新聞2014年3月14日付記事「身体と向き合う: 感覚異変か

128　引用資料

　　　　　　　　　　ら痛みがみつかる例も」
（本書 81 ページ）　熊本日日新聞 2014 年 4 月 25 日付記事「痛みの違い "音" で表現医師に
　　　　　　　　　　分かりやすく」
（本書 81 ページ）　日本経済新聞 2012 年 8 月 30 日付記事「医師の目」
（本書 82 ページ）　日本経済新聞 2007 年 12 月 26 日付夕刊記事「あすへの話題　手を伝う
　　　　　　　　　　心」
（本書 83 ページ）　日本経済新聞 2015 年 3 月 12 日付記事「art review 手を尽くす」
（本書 84 ページ）　日本経済新聞 2015 年 10 月 25 日付記事「科学技術」
（本書 86 ページ）　日本経済新聞 1994 年 3 月 14 日付夕刊記事「ヤングヤング：妙な商品
　　　　　　　　　　求める原始的『触覚』」
（本書 86 ページ）　日本経済新聞 2008 年 12 月 13 日付記事「裏読み wave："感触系" の深
　　　　　　　　　　層心理」
（本書 87 ページ）　日本経済新聞 2008 年 11 月 20 日付夕刊記事「手と地方が発見された」
（本書 87 ページ）　日本経済新聞 2011 年 12 月 31 日付記事「喪友記」
（本書 89 ページ）　日本経済新聞 2008 年 3 月 4 日付夕刊記事「ザ仕事人」
（本書 89 ページ）　朝日新聞 2010 年 12 月 6 日付夕刊記事「凄腕　つとめにん」
（本書 90 ページ）　日本経済新聞 2010 年 3 月 1 日付夕刊記事「らいふプラス」
（本書 90 ページ）　日本経済新聞 2015 年 9 月 28 日付記事「『高級感』などヒトの感覚、セ
　　　　　　　　　　ンサーで数値化」
（本書 94 ページ）　日本経済新聞 2012 年 2 月 18 日付記事「とことん試します」
（本書 97 ページ）　日本経済新聞 1999 年 5 月 19 日付記事「しぐさの人間学」
（本書 98 ページ）　日本経済新聞 1999 年 9 月 22 日付記事「しぐさの人間学」
（本書 98 ページ）　日本経済新聞 1999 年 5 月 26 日付記事「しぐさの人間学」
（本書 98 ページ）　日本経済新聞 2006 年 1 月 29 日付記事「大仏の手」
（本書 99 ページ）　朝日新聞 2011 年 1 月 17 日付夕刊記事「1 月の詩」
（本書 100 ページ）　日本経済新聞 2013 年 4 月 7 日付記事「歩く　感じる　描く」
（本書 101 ページ）　日本経済新聞 2005 年 11 月 20 日付記事「美の美：一角獣がやってき
　　　　　　　　　　た」
（本書 106 ページ）　朝日新聞 2016 年 6 月 17 日付夕刊記事「あすへの話題」
（本書 106 ページ）　朝日新聞 2011 年 3 月 9 日付記事「書きためて五感磨く」
（本書 108 ページ）　日本経済新聞 2015 年 9 月 26 日付記事「文化」
（本書 108 ページ）　日本経済新聞 2009 年 10 月 25 日付記事「触覚の芸術、近代史を追究」
（本書 108 ページ）　日本経済新聞 2012 年 8 月 8 日付記事「臨床美術士を養成：五感重視
　　　　　　　　　　の描画、脳を活性化」
（本書 110 ページ）　朝日新聞 2009 年 1 月 12 日付記事「やわらかロボットへの試み：『皮
　　　　　　　　　　膚』センサーで硬さ克服」
（本書 110 ページ）　日本経済新聞 2008 年 11 月 25 日付記事「皮膚感覚をセンサーに」
（本書 111 ページ）　日本経済新聞 2008 年 4 月 13 日付記事「サイエンス：触って感じる機
　　　　　　　　　　械の指」
（本書 112 ページ）　日本経済新聞 2010 年 10 月 13 日付記事「3D 映像：触れると感触『メ
　　　　　　　　　　ガネ』不要」

引用資料　　*129*

（本書 112 ページ）　朝日新聞 2010 年 10 月 29 日付記事「指の動きを瞬時に再現」
（本書 112 ページ）　日本経済新聞 2011 年 11 月 4 日付記事「脳波読み取りロボット操作：
　　　　　　　　　　　運動まひ患者で成功」
（本書 113 ページ）　日本経済新聞 2010 年 10 月 20 日付記事「タッチパネルに『触感』」
（本書 114 ページ）　日本経済新聞 2010 年 2 月 18 日付記事「出すぎた杭は打たれない④」
（本書 114 ページ）　日本経済新聞 2014 年 4 月 5 日付記事「『触れる』仮想映像」
（本書 114 ページ）　日本経済新聞 2015 年 7 月 23 日付記事「画面押した感触を振動で再
　　　　　　　　　　　現」
（本書 115 ページ）　日本経済新聞 2010 年 3 月 1 日付記事「手術支援　ロボ国内で開発：医
　　　　　　　　　　　師の細かな手の動き正確に再現」
（本書 116 ページ）　日本経済新聞 2010 年 8 月 5 日付記事「感触も伝達　手術ロボ」
（本書 116 ページ）　朝日新聞 2008 年 3 月 16 日付記事「life & science」
（本書 116 ページ）　日本経済新聞 2014 年 10 月 7 日付記事「ノーベル生理学・医学賞：『脳
　　　　　　　　　　　の空間感覚』3 氏に」

あとがき

　筆者が触覚の研究を開始したのは広島大学大学院教育学研究科博士課程前期実験心理学専攻に入学した時である。その修士1年生の夏に、故・萩野源一先生（当時の実験心理学講座主任教授・教育学部長、後に日本心理学会会長）から勧めがあった。その後は実験心理学（現・認知心理学）研究室の恩師や学会で同じ領域の諸学兄のお世話になった。本書を最初に企画してから脱稿までにかなりの時間が経過してしまった。諸先生方にお礼を申し上げたい。

　「触覚は視覚を教育する」のであり、精神物理学の開祖的存在であるウェバー（Weber, E. H., 1834; 1852; Weber のドイツ語読みはヴェバーとなるが本文中では慣用に従った）のデータは，触覚の実験で得られたものである。心理学とりわけ実験心理学や認知心理学においては、さらには一般の人も科学的心理学や触覚研究の歴史を忘れてはならないと思う。そして日常生活でも触覚はもっとも現実的な感覚であり日々もっと意識されるべきと考える。今後、触覚の研究が盛んになり継続されていくことを祈っている。

　2016 年 7 月
　　熊本市東区月出，熊本県立大学 文学部 4 階「教育心理学研究室」にて

索　引

人名索引

あ行

アネット（Annett, M.）　92-94, 121
アリストテレス（Aristotēles）　3, 42
赤坂憲雄　87
あさのあつこ　8, 106
足立正常　53, 107, 125
阿部明子　62, 124
阿部公正　85, 121
阿部康二　80
雨宮智浩　115, 121
綾部早穂　37, 126
荒井孝和　107, 121

池谷裕二　82
池村千秋　53, 55-56, 123
石井裕　113
石川九楊　108
石川啄木　i, 99
市川伸一　86, 122
伊東裕司　86, 122
井上史雄　40
今井省吾　6, 42, 122-123, 125
岩切絹代　4-6, 9-10, 19, 25, 27, 63, 75,
　83, 89, 102, 122

ウェスベルク（Wessberg, J.）　8, 20, 123
ウェバー（Weber, E. H.）　5-6, 25, 28-
　30, 126, 131
ウェルニッケ（Wernicke, C.）　13
ヴント（Wundt, W.）　5
上島清介　76
上田三田二　81
上羽康夫　15, 125
栄久庵憲司　87

オキーフ（O'Keefe, J.）　116
オーバー（Over, R.）　44, 124
オラウソン（Olausson, H.）　8, 20-21,
　123
大槻晴彦　51-52, 123
大橋啓一　108
大山　正　6, 123, 125
岡井　隆　76
岡田正章　62, 124
小川捷之　91, 124
小野正弘　47, 124
小野三嗣　15, 124

か行

カーソン（Kurson, R.）　53, 55-57, 123
カッツ（Katz, D.）　4-6, 9-10, 19, 25, 27,
　63, 75, 83, 89, 102, 122
片山博詞　108
鹿取廣人　39, 121
神谷整子　76
川島　慎　23, 122
河内十郎　39, 121

キニー（Kinney, G. C.）　32-33, 36, 122
ギブソン（Gibson, J. J.）　7, 45, 47, 56,
　75, 84, 86, 121
菊池信義　8, 47
行場次朗　32, 121

クリューガー（Krueger, L. E.）　45, 122
グレゴリー（Gregory, R. L.）　44-45,
　55-57, 121-122
グレハム（Graham, M. L.）　19, 122
栗原健太　78

134　索　引

久保田競　*14, 18, 77, 79, 95, 98, 123*
熊倉功夫　*75*

コノリィ（Connolly, K. J.）　*93*
コーバリス（Corballis, M. C.）　*39, 121*
コメニウス（Comenius, J. A.）　*61*
香原志勢　*23, 78, 122*
呉　景龍　*80*
児玉　省　*62, 124*
今野一雄　*61, 124*

さ行

佐久間　徹　*70, 121*
佐々木幹郎　*106*
佐藤愛子　*6, 122*
佐藤信行　*4, 10, 67, 97, 124*
佐藤方代　*4, 10, 67, 97, 124*

シッフ（Schiff, W.）　*16-17, 122*
シャルパンティエ（Charpentier, A.）
　42
ジャンヌロ（Jeannerod, M.）　*46, 122*
ショウマン（Showman, D. J.）　*32-33*
ジョブス（Jobs, S.）　*84*
椎名　健　*91, 124*
柴垣哲夫　*69*
渋谷昌三　*69*
下瀬信雄　*103-104, 119*
白井　常　*39, 121*

ストラットン（Stratton, G. M.）　*11*
スピアマン（Spearman, C.）　*28, 31*
鈴木良次　*46, 124*
須藤吾之助　*37, 41, 123*

ゼンデン（vonSenden, M.）　*51-52, 57,*
　72, 124
関口洋美　*105, 124*
関谷裕子　*71*
荘厳舜哉　*69*
外須美夫　*81*

た行

高木貞敬　*13-14, 125*
高田寛治　*116*
高村光太郎　*102-104, 119*
高山範理　*109, 125*
武井勝雄　*72-73, 123*
竹内　清　*72-73, 123*
田﨑權一　*25-26, 29-34, 36-41, 43, 53,*
　64, 67, 78, 89, 101, 107, 125
橘　覚勝　*61, 124*
舘　暲　*111*
田中徹二　*72*
田中平八　*42, 125*
田中真美　*110*
谷川俊太郎　*98*
谷口俊治　*6, 122*

塚田裕三　*18, 125*

デイ（Day, R.H.）　*44, 121*
ティチェナー（Titchener, E. B.）　*5-6,*
　125
テイラー（Taylor, L.）　*99*
デッサウアー（Dessauer, F.）　*85*

時実利彦　*94, 125*
徳永智子　*43, 125*
利島　保　*80, 125*
鳥居修晃　*51-53, 72, 124-125*

な行

中島誠一　*49, 85, 124*
長滝祥司　*11-12, 124*
中原中也　*106*
奈良信雄　*80*

西山浅次郎　*91, 95-96, 121*

ノーマン（Norman, D. A.）　*32-33, 36,*
　86, 123
野川　茂　*7-8, 20-22, 25, 122, 124*

野村雅一　*97*

は行

萩野源一　*131*

バークレイ（Berkeley, G.）　*9-11, 46, 121*

バーズリィ（Barsley, M. R.）　*91, 95-96, 121*

バッデリィ（Baddeley, A. D.）　*99-100, 121*

バルボ（Vallbo, A. B.）　*16, 30, 125*

ハーロウ（Harlow, H. F.）　*67, 122*

早川智彦　*47-49, 106, 122, 126*

伴アカネ　*89*

ビクター（Victor, J.）　*9, 124*

ビーレ（Beale, I. L.）　*39, 121*

東山篤規　*4-6, 9-10, 19, 25, 27, 63, 75, 83, 89, 102, 122*

樋口俊郎　*113*

久山弘史　*108*

平田育夫　*63*

平田浩司　*83*

広瀬浩二郎　*71-72, 107, 122*

廣松渉　*37, 41, 123*

フィールド（Field, T.）　*70, 121*

フェヒナー（Fechner, G. T.）　*5, 30*

フレーベル（Fröbel, F.）　*62-63*

ブローカ（Broca, P. P.）　*13*

ブロードマン（Brodmann, K.）　*13*

福島智　*71*

藤田復生　*62, 124*

ペスタロッチ（Pestalozzi, J. H.）　*61*

ベスト（Best, J. B.）　*100, 121*

ベッカー（Becker, J.）　*26, 121*

ヘラー（Heller, M. A.）　*16-17, 36, 45, 122*

ヘルムホルツ（vonHelmholtz, H.）　*55-56*

ペンフィールド（Penfield, W.）　*13, 15, 124*

堀内敏　*72, 123*

本田宗一郎　*83*

ま行

マグローン（McGlone, F.）　*8, 20-22, 68, 105, 123*

マッハ（Mach, E.）　*37, 41, 123*

マルコビッチ（Markovic, S.）　*106, 123*

マルセッタ（Marsetta, M.）　*32-33*

マレイ（Murray, D. J.）　*5, 28-29*

前野隆司　*23, 90, 111*

前原勝矢　*91-92, 119*

松井茂　*47-48, 106, 122, 126*

松浦昭次　*87, 123*

松尾太加志　*84, 123*

松沢哲郎　*64*

ミュラーリエル（Müller-Lyer, F. C.）　*44*

ミルナー（Milner, B.）　*99*

嶺重慎　*71-72, 107, 122*

宮岡徹　*6, 27, 29, 43, 122-123*

村田哲　*6, 8, 17, 46, 124*

メッツガー（Metzger, W.）　*27, 123*

モーセル（Moser, E.）　*116*

モーセル（Moser, M.-B.）　*116*

モリヌークス（Molyneux, W.）　*51*

モンタギュー（Montagu, A.）　*4, 10, 67-68, 97, 124*

モンテッソーリ（Montessori, M.）　*62-63*

望月登志子　*51-53, 72, 107, 123-124*

や行

柳宗悦　*87*

柳　宗理　　*87*
藪野　健　　*100*
山口　創　　*82, 126*
山下柚実　　*64, 86*
山本真笈子　　*37, 126*

吉岡一郎　　*125*
ヨハンソン（Johansson, R. S.）　　*16, 30, 125*
吉村浩一　　*106, 126*
吉田吉蔵　　*83*

ら行

ラスムッセン（Rasmussen, T.）　　*13, 15, 124*
ラドンジック（Radonjic, A.）　　*106, 123*
リンゼイ（Lindsay, P. H.）　　*32-33, 36, 123*
ルーミス（Loomis, J. M.）　　*7, 25, 123*

ルソー（Rousseau, J.-J.）　　*61, 63, 124*
レダーマン（Lederman, S. J.）　　*7, 25, 123*

ローウェンフェルド（Rowenfeld, V.）　　*72, 123*
ロス（Ross, H. E.）　　*28-29, 126*
ロダン（Rodin, F.-A.-R.）　　*102*
ロック（Rock, I.）　　*9-11, 44, 124*
ロック（Locke, J.）　　*51-52, 56, 61, 123*
ロッツェ（Lotze, H.）　　*83*

わ行

ワインシュタイン（Weinstein, S.）　　*29, 126*
ワレス（Wallace, J. G.）　　*45, 122*
和氣典二　　*42, 123, 126*
和氣洋美　　*42, 126*
渡邊淳司　　*47-49, 106, 122, 126*
和田陽平　　*6, 125*

事項索引

A to Z

Aβ線維グループ（大径有髄神経）　　*19-21*
active haptic perception（能動的触運動知覚）　　*7, 25, 33*
active touch（能動的触知覚）　　*ii, 7, 18*
ADHD（attention-deficit hyper-activity disorder；注意欠陥多動性障がい）　　*70*
affordance（アフォーダンス）　　*7, 56, 84, 86, 88*
Aristotle's illusion（アリストテレスの錯覚）　　*42*
Charpentier's illusion（シャルパンティエの錯覚）　　*42*
CT求心性神経線維（低閾値機械受容器）　　*20-21, 105*
C線維グループ（無髄）　　*19-21*
ERP（event-related potential；事象関連電位）　　*78*
fishbone tactile illusion（魚骨錯触）　　*43*
hallucination（幻覚）　　*42*
haptic（ハプティック）　　*88*
haptics　　*7, 117*
ICT（information and communication technology）　　*86*
laterality（側性化）　　*19, 96*
LQ（laterality quotient；側性係数）　　*92*
mothering（マザリング）　　*67*
Müller-Lyer visual illusion（ミュラーリエル錯視）　　*42, 44*

pattern recognition（パターン認知）
　31

PTSD（post traumatic stress disorder；
　心的外傷後ストレス障がい）　70

sensory channel（感覚経路）　3

sensory modality（感覚様相）　3

sensory test（官能検査）　88

simultaneous（同時的）　36

successive（継時的）　36

tabula rasa（タブラ・ラサ；白紙の状態）
　61

tactual illusion（錯触）　42

2-point threshold（2点閾）　27

VAS（visual analog scale；視覚的アナロ
　グ目盛法）　81

VHI（velvet hand illusion；ベルベット・
　ハンド・イリュージョン）　43-44,
　90

virtual reality（仮想現実）　47, 65

visual capture（視覚的占取）　9, 11

visual illusion（錯視）　42

あ行

アフォーダンス　7, 56, 84, 86, 88

アリストテレスの錯覚（Alistotle's
　illusion）　42

アルツハイマー病　80, 117

痛み　5, 22, 46, 49, 70, 81

イメージングの効果　78

ウェルニッケ野　13

運動野　13-15, 18, 80

遠隔感覚　4

オノマトペ　47-49, 81, 105

か行

開眼手術　45, 51-54

仮想現実　47, 65

感覚経路　3, 32

感覚受容器密度の勾配　30

感覚野　13-14

感覚様相　3-5, 8, 12, 19, 30, 36, 38, 44-

　45, 47, 65, 67, 84-85, 101

感性教育　61-63

感性語　47, 49

官能検査　ii, 49, 88-90, 111

記憶　8, 30, 36, 41, 46-47, 83, 99-100,
　117

幾何学的錯視　44

幾何学的錯触　42, 45

利き手　33, 37, 91-96

利き手調査質問紙　93

近接知覚　67

空間表象　72

継時的（刺激入力）　26, 36

幻覚　42

幻肢　46

五感教育　61

混同行列　25, 32-37

さ行

錯視　42, 44

錯触　42-45, 90, 114

左右利き　94

視覚空間　51, 72

視覚的アナログ目盛法　81

視覚的鑑賞　102

視覚的占取　11

視覚優位性　9, 11-12

識別的触覚　7, 19-20

視空間　9, 46, 51, 91

自己受容感覚　6

事象関連電位　78

シナプス結合　68

シャルパンティエの錯覚　42

受動的触運動　25

順応　i, 4, 28, 83-84, 95

情動の触覚　7, 19-20, 22

触空間　9, 43, 46, 72, 110

触診　75-76, 82, 110, 116

触覚空間　72

触覚経験　84

触覚的鑑賞　102

触覚ピラミッド　　6
触覚メディア　　49, 85
心的外傷後ストレス障がい　　70
スキンシップ　　i, 67-68, 75
スピアマン式触覚計　　28-29, 31
製品開発　　ii, 84-85, 88-89, 111, 114
接触感覚　　5
先天性全盲　　51, 53, 107
促進的タッチ　　69
側性係数　　92

た行
体性感覚　　6-7, 14, 18, 46, 68
体性感覚野　　14, 18, 20, 46, 68
大脳活性化　　77
大脳半球機能側性化　　19
打診　　75-76
タッチケア　　69
タッチセラピー　　69-70
タブラ・ラサ　　61
注意欠陥多動性障がい　　70
中枢的処理　　31
鎮痛効果　　82
デザイン　　84-87, 108-109
手の仕草　　97
同時的（刺激入力）　　36, 41, 47

な行
2点閾　　17, 27-31
認知症予防　　77-78
脳地図　　13

能動的触運動　　25, 35, 90, 111
能動的触運動知覚　　7, 25-26, 31-35, 38-39, 41
能動的触知覚　　ii, 26-27, 42, 54
能動的触覚　　7, 18-19, 36, 41, 44-45, 49, 51

は・ま・ら行
白紙　　61
パターン認識　　31
パターン認知　　32, 36, 39, 72
左利き　　91-96
皮膚感覚　　i, 6, 8, 10, 13-15, 19, 25-26, 46, 61, 68, 83, 87, 98, 106-107, 109-111, 113
皮膚感度2点閾　　5, 27, 30-32, 72
皮膚組織　　16
品質管理　　49, 89, 90, 111
プレグナンツの法則　　26, 32
ブローカ野　　13

マザリング　　67
マッサージ　　69-70, 75, 79
末梢的処理　　31
右利き　　91-95, 99
ミュラーリエル錯視　　42, 44
モリヌークスの疑問　　52, 56
モンテッソーリ教育　　62-63

ラテラリティ　　18-19, 96

【著者紹介】

田 﨑 權 一（たさき けんいち）

1952 年 1 月 宮崎県 高千穂町 生まれ
1980 年 3 月 広島大学大学院教育学研究科実験心理学専攻 博士課程後期単位取得満
期退学
2003 年 3 月 博士（心理学）（広島大学）
2013 年 4 月 公立大学法人 熊本県立大学 文学部 教授
同 大学院文学研究科 教授
2017 年 3 月 同 定年退職

≪主要論文・著書≫
「文字の能動的触認知に及ぼす刺激文字の大きさの効果」 心理学研究（1992，単著）
「文字の能動的触認知に及ぼす刺激セットの大きさの効果」
基礎心理学研究（1997 年，単著）
「メタ認知質問紙法 MCQ-30（Wells & Cartwright-Hatton, 2004）の手引」
熊本県立大学文学部紀要（2017 年，単著）
「心理学基礎実習マニュアル」 北大路書房（2009，共著）
「学習・認知心理学」 ミネルヴァ書房（2012，共著）
「新教育心理学図説」 福村出版（1986，共著） ほか

触覚の心理学 ── 認知と感情の世界 ──

2017 年 10 月 20 日 初版第 1 刷発行　　　　　　定価はカヴァーに
表示してあります。

著　者　　田﨑權一
発行者　　中西　良
発行所　　株式会社ナカニシヤ出版

〒 606-8161　京都市左京区一乗寺木ノ本町 15 番地
Telephone　075-723-0111
Facsimile　075-723-0095
Website　http://www.nakanishiya.co.jp/
Email　iihon-ippai@nakanishiya.co.jp
振替口座　01030-0-13128

装幀＝白沢　正／印刷＝ファインワークス／製本＝藤沢製本

Copyright © 2017 by K. Tasaki
Printed in Japan.
ISBN978-4-7795-1154-7 C3011

◎本書のコピー，スキャン，デジタル化等の無断複製は著作権法上での例外を除き禁じら
れています。本書を代行業者等の第三者に依頼してスキャンやデジタル化することはたと
え個人や家庭内の利用であっても著作権法上認められておりません。